白话全本史记

卷五·封侯拜相

司马迁 著

青少年彩绘版

长江出版传媒 | 长江文艺出版社

总 策 划：金丽红　黎　波

主　　编：黄晓新　程三国　王赛男

绘画作者：童介眉　韩亚洲　刘永凯　徐开云　熊孔成
张南峰　郭小凌　赵希玮　邓邦源　陈小强
王师颉　王惠祥　刘志伟　周　禾　赵　青
王树立　孙　龄　闫　斌　刘毅红　刘　炬
许明康　王时旺　陈昌柱　白云浩　白　明
兰　紫　张国荣　安洪民　刘　洁　刘　忠
杨　云　崔君旺　梁战岩　张　清

译　　者：戈　力　梦　君

责任编辑：王赛男　张雅琴

助理编辑：王枫婕

北京长江新世纪文化传媒有限公司
www.cjxinshiji.com
出品

扫码观看名师讲解
《史记》高考篇目

目　录

史记卷四十三

赵世家

扫描二维码
阅读本篇原文

赵朔　程婴　赵武　赵鞅　赵武灵王　肥义　赵何
苏厉　触龙

赵氏和秦氏拥有共同的祖先。到了中衍，他做了殷帝大戊的驾车人。他的后代蜚廉有两个儿子，其中一个名叫恶来，侍奉商纣王，被周人所杀，他的后代就是秦。恶来的弟弟叫季胜，他的后代就是赵。

季胜生了孟增。孟增得到了周成王的宠信，他就是宅皋狼。皋狼生了衡父，衡父生了造父。造父受到周穆王宠信。造父选取了八匹骏马，连同在桃林的盗骊、骅骝、绿耳，献给周穆王。【1】周穆王让造父驾车，到西方巡游，见到了西王母，高兴地忘记了回国。不久，徐偃王谋反，周穆王乘着日行千里的马车，攻打徐偃王，大败了他。于是把赵城赏赐给造父，从此造父就以赵为姓氏。

自造父以后过了六代到奄父，叫公仲，周宣王讨伐戎人时，他给宣王驾车。到千亩之战时，奄父曾帮助宣王脱险。奄父生了叔带。叔带的时候，周幽王昏庸无道，叔带便离开周去了晋国，侍奉晋文侯，开始在晋国建立赵氏家业。

从叔带以后，赵氏宗族日渐兴旺，经历五世，传到赵夙。

赵夙，在晋献公十六年（公元前661年）讨伐霍、魏、耿时，他作为将军领兵讨伐霍国。霍公求逃奔到齐国。这一年，晋国大旱，占卜的卜辞说："霍太山神作怪。"献公派赵夙到

齐国召回霍君，恢复了他的国家，让他主持霍太山神的祭祀，晋国才又得以丰收。晋献公把耿国赏赐给赵夙。

赵夙生共孟，正当鲁闵公元年（公元前 661 年）。共孟生赵衰，字子馀。

赵衰为了侍奉晋献公以及几个公子进行占卜，卜辞说不吉利；占卜侍奉公子重耳，卜辞说吉利，于是他就侍奉重耳。重耳因为骊姬之乱出逃到翟，赵衰跟随着他。翟人讨伐廧（qiáng）咎如①，得到了他的两个女儿，翟君把小女儿嫁给重耳，大女儿嫁给赵衰，生了赵盾。【2】当初重耳在晋国时，赵衰的原配妻子生了赵同、赵括、赵婴齐。赵衰跟随重耳在外逃亡，共十九年，才得以回国。重耳做了晋文公，赵衰做

① 廧咎如：春秋时赤狄的一支。

【2】

了原地的大夫，住在原，主持国家的政务。晋文公能够返国并且称霸诸侯，多半是赵衰出谋划策。这些事详细记载在《晋世家》中。

赵衰返回晋国后，他在晋国的妻子坚决要接回赵衰在翟国娶的妻子，把她所生的儿子赵盾立为嫡系继承人，而让自己生的三个儿子都位居在下侍奉他。晋襄公六年（公元前622 年），赵衰去世，谥号为成季。

赵盾代替成季主持国政，两年后，晋襄公去世了，太子夷皋年纪很小。赵盾认为国家多难，想立襄公的弟弟姬雍。姬雍当时在秦国，赵盾便派使者去秦接姬雍。太子的母亲日夜哭泣，叩头对赵盾说："先王有什么罪，为什么要废黜他的嫡长子而另外寻求君主？"赵盾很忧虑，担心她的宗族和大臣们偷袭杀害自己，于是就立太子夷皋为君，他就是晋灵公，同时派兵阻拦从秦国迎接姬雍的一行人。灵公继位后，赵盾更是独掌国家大权。

晋灵公继位十四年，日益骄横。赵盾屡次劝谏，晋灵公都不听。有一次晋灵公吃熊掌，因为熊掌没煮熟，便杀了厨师，让人把尸体抬出宫去时，被赵盾看见了。晋灵公从此很害怕，想杀掉赵盾。赵盾平常仁慈友爱，他曾经给过一个饿倒在桑树下的人食物，在灵公的甲士追击赵盾时，反戈保护赵盾，救了他，赵盾因此得以出逃。没有出晋国边境，就听说赵穿杀了晋灵公，立襄公的弟弟黑臀，这就是晋成公。赵盾又返回来，继续执掌国政。君子讥讽他："身为正卿，逃亡没出国境，回来不声讨杀害国君的贼臣。"所以晋太史写道："赵盾杀害了他的国君。"晋景公时，赵盾去世，谥号为宣孟。他的儿子赵朔承袭了爵位。

赵朔，在晋景公三年（公元前 597 年），为晋国统帅下军[①]援救郑国，同楚庄王在黄河边上交战。赵朔娶了晋成公的姐姐为夫人。

晋景公三年（公元前 597 年），大夫屠岸贾想要诛杀赵氏。当初，赵盾在世时，曾梦见叔带抱着他的腰哭泣，非常悲伤；一会儿又大笑，一边拍手一边唱歌。赵盾占卜这个梦，龟甲上裂纹中断，可是后面又呈现吉兆。赵的史官援看了卦象说："这个梦很凶，不是应在您本人身上，而是应在您儿子身上，但也是您的过错。到您的孙子，赵氏宗族将更加衰落。"屠岸贾以前在晋灵公时得到宠信，到了晋景公时屠岸贾做了司

① 下军：春秋时，各国都设置三军，为上军、中军、下军。

【3】

寇，将要发难，就追究杀害灵公的凶手来牵连赵盾。他把此事遍告三军的将领，说：“赵盾虽然不知道叛乱的事，但还是罪魁祸首。作为臣子谋杀国君，子孙仍然在朝做官，这怎么能惩治罪犯？请允许诛灭赵氏。”韩厥说：“灵公遇害时，赵盾在京城外，我们的先王认为他是无罪的，所以没有杀他。现在将军们将要杀他的后代，这并非先王的旨意，现在却胡乱诛杀。胡乱诛杀就是作乱。大臣们谋划大事而国君却不知道，这是眼中没有君王。”屠岸贾不听。韩厥告诉赵朔赶快逃跑。赵朔不肯，说：“您只要不让赵氏的后代断绝，我死而无憾了。”韩厥答应了，假称有病闭门不出。屠岸贾没有请示景公，擅自与各位将领在下宫袭击赵氏，杀死赵朔、赵同、赵括、赵婴齐，全部诛灭了赵氏家族。

赵朔的妻子是成公的姐姐，当时身怀赵朔的遗腹子，逃

到景公的宫中躲藏起来。赵朔有个门客叫公孙杵臼，杵臼对赵朔的朋友程婴说："您为什么不去以死来报答赵朔？"程婴说："赵朔的夫人身怀遗腹子，如果有幸生下个男孩，我奉养他；如果是女孩，我再死也不迟。"【3】过了不久，赵朔的夫人分娩，生了个男孩。屠岸贾听说此事，就到宫中搜查。夫人把婴儿放在套裤里，祈祷说："如果天要灭绝赵氏，你就哭喊；倘若赵氏不该绝后，你就不出声。"等到搜查时，婴儿竟然没有出声。【4】脱离危险之后，程婴对公孙杵臼说："今天搜查没有找到，以后一定会再来搜查他，怎么办？"公孙杵臼说："扶立孤儿与死哪个更难？"程婴说："死容易，扶立孤儿难。"公孙杵臼说："赵氏的先君待你非常优厚，你勉力做难做的事，我做容易的那个，请让我先你而死。"这二人密谋抱着别人的婴儿，裹着花襁褓，藏在山中。程婴

走出来，假装对将军们说：“程婴不贤，不能够扶立赵氏孤儿。谁能给我千金，我告诉他赵氏孤儿在哪里。”将军们都高兴了，答应了他，派兵随程婴去抓公孙杵臼。杵臼假装说：“程婴啊，你这小人！从前，下宫变故时你不能够为主人而死，和我谋划隐藏赵氏孤儿，今天又出卖我，纵然不能扶立孤儿，你忍心出卖他吗？”抱着孩子大声呼叫：“天啊，天啊！赵氏孤儿有什么罪过？请让他活下去，只杀了杵臼就行了。”【5】将军们不允许，就杀了杵臼和孤儿。将军们以为赵氏孤儿真的已经死了，都欢喜。然而赵氏的真正孤儿倒反而活着，程婴终于和他一起藏在山中。

过了十五年，晋景公病了，占卜说是大业的后代中断了祭祀的人在作怪。景公问韩厥，韩厥知道赵氏孤儿还活着，就说：“大业的后代中断了祭祀的人，在晋国，不就是赵氏吗？自从中衍以来的都是嬴姓。中衍人面鸟嘴，降临人间辅佐殷帝大戊，以后的几代辅佐周天子，都有完美的德行。后来到了周厉王、周幽王昏庸无道时，叔带就离开周王室来到晋国，侍奉先君晋文侯，直到成公，世世代代都立有功勋，不曾断绝祭祀。现在唯独您灭绝赵氏宗族，晋国人都很哀痛此事，因此显现在龟策上。希望您考虑这件事。”景公问道：“赵氏还有子孙后代吗？”韩厥把全部情况如实告诉了景公。于是景公就和韩厥商量立赵氏孤儿，把他召回来藏在宫中。众将军进宫询问病情，景公凭着韩厥拥有的兵力胁迫诸将会见赵氏孤儿。赵氏孤儿名叫武。众将军迫不得已，就说：“当初在下宫发难，是屠岸贾策划的，他假传国君的命令，指挥我们。如果不是那样，谁敢发难呢！即使您没有病，我们本来就要请求立赵氏的后代。现在您有命令，这正是我们的心愿。”于是景公召来赵武、程婴，一一拜谢诸将军，诸将反过来和程婴、赵武进攻屠岸贾，灭了他的宗族。又像当初对待赵氏那样，把田邑封给了赵武。

到赵武二十岁加冠，已是成年人后，程婴就辞谢了诸位大夫，对赵武说：“当初在下宫变故中，他人都能以身殉难。我并非不能殉难而死，只是我想着要抚养赵氏的后代。现在你已经继承赵氏，长大成人，又恢复了以前赵氏的爵位，我将到黄泉之下回报赵宣孟（应为赵朔）和公孙杵臼了。”赵武哭泣着叩头，坚决请求说：“我宁愿自己筋骨劳苦来报答您到死，您怎能忍心抛下我去死呢！”程婴说：“不能这样。他们认为我能够完成大事，所以先我而死；现在我不回报他，他会认为我做的事没有成功。”于是自杀了。赵武服丧三年，

给程婴设置了供祭祀的封地，每年春、秋两季都去祭祀，世代不绝。【6】

赵武复位十一年，晋厉公杀了他的三个郤氏大夫。栾书害怕祸及自身，就杀了他的国君厉公，改立襄公的曾孙姬周，他就是悼公。从此晋国大夫的势力逐渐强大起来。

赵武接续赵氏宗族第二十七年，晋平公继位。平公十二年（公元前546年），赵武做了正卿。十三年（公元前545年），吴国的延陵季子出使到晋国，说："晋国的政权最终要归到赵武子、韩宣子、魏献子的后人手中。"赵武死后，谥号为文子。

文子生了景叔。景叔的时候，齐景公派晏婴出使晋国，晏婴同晋国的叔向交谈。晏婴说："齐国的政权以后一定会归到田氏手中。"叔向也说："晋国的政权将要归到六卿的手中。六卿横行无忌，而我们的国君却不担忧。"

赵景叔去世，生了赵鞅，他就是简子。

赵简子在位时期，晋顷公九年（公元前517年），简子将会合诸侯戍守周。第二年，护送周敬王回周，此前周敬王为了躲避他的弟弟王子朝的叛乱流亡在外。

晋顷公十二年（公元前514年），六卿依法诛杀晋君的亲族祁氏、羊舌氏，把他们的封邑分成十个县，六卿各自任命他们的族人做这些县的大夫。晋国的公室从此更加衰弱了。

十三年后，鲁国的叛臣阳虎来投奔，赵简子受了他的贿赂，优厚地款待他。

赵简子生病，接连五天不省人事，大夫们都很担忧。名医扁鹊给他诊断，出来后，董安于询问病情。扁鹊说："血脉正常，你们何必大惊小怪！在以前，秦穆公也曾经这样，过了七天才醒。醒来的那天，告诉他的儿子公孙支和子舆说：'我到了天帝那里，非常快乐。我所以去了这么长时间，因为正有要受教导的事。天帝告诉我说："晋国将要发生很大的动乱，五代不得安宁；他的后代将称霸，但享年不高就会死去；称霸者的儿子将要使你的国家男女关系混乱。"'公孙支把这些话写下来并且藏了起来，秦国的谶语[1]就是从此而出的。晋献公时的动乱，晋文公时的称霸，襄公在崤击败秦军，回去后放纵淫欲，这些事都是您听说过的。现在主君的病和秦穆公的病一样，不出三天病一定会好转，好转后一定有话要讲。"

过了两天半，简子醒来。对大夫说："我到了天帝所在的地方，非常快乐，和众神在天的中央遨游，各种乐器一齐

---

① 谶语：迷信的人认为将来会应验的话。

演奏，奏了几次，万人齐舞，不像是夏、商、周时的音乐，那乐声动人心弦。有一只熊想来抓我，天帝命令我射它，射中了熊，熊死了。又有一只罴过来，我又射它，射中了罴，罴死了。天帝很高兴，赐给我两只竹器，都有备用的小箱子。我看见有个小孩在先帝身旁，天帝交给我一只翟犬，说：‘等到你儿子长大成人，把这赐给他。’天帝告诉我：‘晋国将一代代衰微，七代以后灭亡，嬴姓人将在范魁西边大败周人①，但也不能占有。现在我思念虞舜的功勋，到时我将把他的后代女儿孟姚许配给你的第七代孙子。’”董安于听了这些话就记载下来，妥善收藏。他把扁鹊的话告诉赵简子，简子赐给扁鹊四万亩田。【7】

① 周人：卫人，与周王室同姓。

有一天，赵简子外出，有一个人挡在路上，驱赶他也不走开，随从们发怒了，要杀他。挡路的人说：“我有事要拜见你们的主君。”随从禀报上去。赵简子召见他，说：“嘻！这是我在梦中见到的子晰啊。”挡路的人说：“请屏退左右的侍从，我有话告诉您。”简子让侍从退下。挡路的人说：“你得病时，我在天帝的旁边。”简子说：“对，有这件事。您来见我，有什么事情吗？”挡路的人说：“天帝让您射杀一熊一罴，都被您射死了。”赵简子说：“是的，这是什么意思呢？”挡路的人说：“晋国将要有大的灾难，您首当其冲。天帝让您灭掉两位卿，熊和罴都是他们的祖先。”赵简子说：“天帝赐给我两个竹器，都配有备用的小箱子，为什么？”挡路的人说：“您的儿子将要在翟攻克两个国家，都是子姓。”赵简子说：“我看见有个小孩在上帝旁边，上帝交给我一只翟犬，说：‘到你儿子长大成人后把它赏赐给他。’为什么要把翟地的狗赐给这个小孩？”挡路的人说：“那个小孩是您的儿子，翟地的狗是代国的祖先。您的儿子将来必定占有代国。到您的后裔，将会有人改革政治，穿胡人的服装，并且将要在翟地吞并两国。”赵简子询问他的姓名并请他做官，挡路的人说：“我是郊野之人，来传达天帝的命令罢了。”一会儿就不见了。赵简子写下这些话，把它藏在内府里。

又有一天，姑布子卿拜见赵简子，赵简子把所有的儿子召集来让姑布子卿看相。子卿说：“这里面没有能成为将军的。”赵简子说：“难道赵氏要灭绝了吗？”子卿说：“我曾经在路上看见一个孩子，大概是您的儿子吧。”赵简子召来儿子毋卹（xù）。毋卹到了，子卿就起身说：“这才是真

正的将军啊！”赵简子说：“这个孩子的母亲低贱，是翟国的一个婢女，怎能说他尊贵呢？”子卿说：“天降旨意，即使卑贱也一定会尊贵。”从此以后，赵简子召见所有的儿子跟他们谈话，毋卹表现得最贤能。赵简子于是对儿子们说：“我把宝符藏在常山上，先找到的就受赏赐。”儿子们骑马奔驰到常山上，到处寻找，没有得到什么。毋卹回来说：“我已经找到宝符了。”赵简子说：“说出来。”毋恤说：“从常山上看见代国，代国可以夺取。”赵简子因此得知毋卹果真是贤能的，于是废了太子伯鲁，把毋卹立为太子。【8】

过了两年，晋定公十四年（公元前498年），范氏、中行氏作乱。第二年春天，赵简子对邯郸大夫赵午说：“归还我卫国进献的士民①五百户，我要把他们安置到晋阳。”赵

① 士民：古代把百姓分为四等：士、农、工、商，士民为第一等。

午答应了，回去后他的父兄都不听从，违背诺言。赵鞅拘捕了赵午，囚禁在晋阳。于是告诉邯郸的人说：“我自己决定杀掉赵午，你们想让谁当邯郸大夫？”于是杀了赵午。赵午的儿子赵稷、家臣涉宾在邯郸反叛。晋定公派遣将军籍秦围攻邯郸。荀寅、范吉射跟赵午关系很好，不肯帮助籍秦，反而谋划作乱，董安于知道了这件事。十月，范氏和中行氏攻打赵鞅，赵鞅逃到晋阳，晋国人包围了晋阳。范吉射、荀寅的仇人魏襄等人预谋驱逐荀寅，让梁婴父代替他；驱逐范吉射，让范皋绎代替他。荀栎向晋定公进言说：“主君命令大臣，最先制造祸乱的应当处死。现在三个大臣开始作乱，却只驱逐赵鞅，这是执法不公正，请您把他们都驱逐了。”十一月，荀栎、韩不佞、魏哆（chì）奉晋定公的命令去讨伐范氏、中行氏，没有取胜。范氏、中行氏反过来进攻晋定公，定公攻击他们，范氏、中行氏败逃。丁未日，两人逃奔到朝歌。韩不佞、魏哆请求宽恕赵鞅。十二月辛未日，赵鞅进入绛城，在定公的宫中盟誓。第二年，知伯文子对赵鞅说：“范氏、中行氏虽然确实作乱，却是董安于挑起的，这个董安于参与了策划。晋国有法令，最先作乱的人要处死。那两个人已经受到惩治，但董安于却独自逍遥法外。”赵鞅为这事忧虑，董安于说：“我死了，赵氏可以稳定，晋国也可以安宁，我死得太迟了。”于是就自杀了。赵鞅把这事告诉了知伯，这以后赵氏才得安宁。

孔子听说赵简子没有请示晋国君王，就逮捕邯郸大夫赵午，据守晋阳，因而在《春秋》中写道：“赵鞅凭借晋阳反叛。”

赵简子有个家臣叫周舍，喜好直言进谏。周舍死后，赵简子每次上朝听政，经常不高兴，大夫们向他请罪。赵简子说："你们没有罪。我听说'一千张羊皮也抵不上一只狐的腋下皮毛'，你们上朝，我只听到唯唯诺诺的附和声，听不到像周舍那种直言的争辩声，因此忧虑啊。"赵简子因此能够使赵邑的人归顺，安抚晋国的人。

晋定公十八年（公元前 494 年），赵简子在朝歌围攻范氏和中行氏，中行文子逃到邯郸。第二年，卫灵公去世。赵简子和阳虎护送卫太子蒯聩去卫，卫国不接纳，蒯聩只能住在戚邑。

晋定公二十一年（公元前 491 年），赵简子攻取邯郸，中行文子逃奔到柏人，赵简子又围攻柏人，中行文子、范昭子于是逃奔到齐。赵氏终于占有邯郸、柏人。范氏、中行氏其他的城邑都归了晋国。赵简子名义上是晋国的卿，实际上专揽了晋国的大权，封地和诸侯相等。

晋定公三十年（公元前 482 年），定公和吴王夫差在黄池会盟中争当诸侯之长，赵简子跟从晋定公前往，最后让吴王占了先。晋定公在位三十七年去世，赵简子废除了守丧三年的礼，到了一年就停止了。这年（应为晋出公二年），越王勾践灭了吴国。

晋出公十一年（应为晋定公三十六年），知伯进攻郑国。赵简子得病，派太子毋卹领兵围攻郑。知伯喝醉了，用酒灌毋卹，还打了他。毋卹的臣下都要求杀死知伯。毋卹说："主君之所以派我来，是因为我能够忍辱负重。"但也不高兴知伯的做法。知伯回去后，把此事告诉了赵简子，并让赵简子废黜毋卹，简子没有听从。毋卹从此怨恨知伯。【9】

晋出公十七年（应为晋定公三十七年），赵简子去世，太子毋卹继位，这就是赵襄子。

赵襄子元年（公元前 475 年），越国围攻吴国。襄子减少了守丧期的饮食，派楚隆去慰问吴王夫差。

襄子的姐姐以前是代王的夫人。简子安葬以后，襄子还没有除去丧服，就北登夏屋山，请代王来到山上。让厨师拿着铜勺盛食物招待代王和随从官吏，斟酒时，暗中命令厨师名叫各的用铜勺击杀代王及其随从，接着调集军队平定了代地。他的姐姐听说此事，痛哭流涕，呼天抢地，用磨尖的发笄自杀了。代国的人怜悯她，就把她死的地方称为摩笄山。【10】襄子于是把代地封给伯鲁的儿子周，他就是代成君。伯鲁是襄子的哥哥，原来的太子。太子早就去世了，所以封他的儿子。

襄子即位四年，知伯和赵、韩、魏三家瓜分了范氏、中行氏的旧地。晋出公发怒，告诉齐国和鲁国，想依靠他们讨伐四卿。四卿害怕，就联合攻打出公。出公逃奔齐国，死在途中。知伯于是拥立了昭公的曾孙姬骄，他就是晋懿公[①]。知伯更加骄横。他向韩、魏要地，韩、魏给了他。向赵要地，赵没有给，因为知伯在围攻郑国时侮辱了赵襄子。知伯生气，就率领韩、魏攻打赵国。赵襄子害怕，于是跑去据守晋阳。

家臣原过跟随襄子，走在后面。到了王泽，看见三个人，从腰带以上看得清楚，腰带以下就看不见了。他们给原过一根有两节的竹子，中间不贯通。说："替我们把这个给赵毋卹。"原过到了晋阳，将此事告诉了襄子。襄子斋戒三天，亲自剖开竹子，里面有红色的字写道："赵毋卹，我们是霍

① 晋懿公：《晋世家》作"哀公"。

泰山山阳侯的天使。三月丙戌日，我们将让你反过来灭亡知氏。你也要在一百个城邑给我们供祭祀，我们将把林胡的土地赏给你。到你的后代子孙，将出现勇猛强健的王，皮肤黑红，龙面鸟嘴，浓鬓粗眉，胡须密布，胸膛挺拔，两腿修长，身材高大，衣襟向左边开，披甲乘马练习骑射，他将完全拥有河宗一带，直至休溷、诸貉的地界，南攻晋国其他城邑，北灭黑姑一族。”襄子拜了两拜，接受了三位神仙的命令。

三国攻晋阳，一年多后，引汾水灌城，城墙被水浸得只有六尺高了，城中吊起锅做饭，互换子女杀而充饥。大臣们都胸怀二心，礼节上更加简慢，只有高共不敢失礼。赵襄子害怕，于是当夜派丞相张孟谈私下结好韩、魏。韩、魏跟张孟谈一起谋划，以三月丙戌日为期，三家共同反击，消灭知氏，瓜分他的领地。赵襄子论功行赏，高共是最上等的。张孟同说：“解除晋阳的危难，只有高共没立功。”赵襄子说：“当时在晋阳危急之时，群臣都怠慢无礼，只有高共不敢有失臣下对主君的礼节，因此给他重赏。”这时赵在北边占有了代地，在南边吞并了知氏，比韩、魏都强大。于是在一百个城邑中立庙祭祀三位神仙，让原过主持霍太山神祠的祭祀典礼。

此后赵襄子娶了空同氏女子为妻，生了五个儿子。赵襄子因为哥哥伯鲁被废，不肯立自己的儿子，并且一定要传位给伯鲁的儿子代成君。但代成君已经去世，就把代成君的儿子浣立为太子。襄子在位三十三年去世，赵浣继位，他就是献侯。

献侯少年继位，都城设在中牟。

赵襄子的弟弟桓子驱逐了献侯，自己在代继位，一年之

后死了。赵国人说桓子继位并非襄子的意思，就一起杀了桓子的儿子，又接回献侯拥立他。

十年（公元前 414 年），中山武公刚刚即位。十三年，修筑平邑城。十五年，赵献侯去世，他的儿子烈侯赵籍继位。

烈侯元年（公元前 408 年），魏文侯攻下了中山国，派太子魏击驻守。六年（公元前 403 年），魏、韩、赵都被承认为诸侯，赵烈侯追尊献子为献侯。

烈侯爱好音乐，对相国公仲连说："我喜爱的人，能让他显贵起来吗？"公仲连说："让他富裕可以，让他显贵就不行。"【11】烈侯说："对。有郑国来的歌手枪、石二人，我赐给他们田地，每人一万亩。"公仲连说："可以。"但一直没有给。过了一个月，烈侯从代回来，询问给歌手赐田的事。公仲连说："正在找地，还没有合适的。"

又过了一段时间，烈侯又问。公仲连终究没有给，就谎称有病不去上朝。番吾君从代国回来，对公仲连说："您确实是想做好事，却不知道应该如何做。您在赵国做相国，至今四年，有没有推荐过人才呢？"公仲连说："没有。"番吾君说："牛畜、荀欣、徐越都可以。"公仲连就引荐这三个人。到上朝的时候，烈侯又问："赏给歌手的田选得怎么样了？"公仲连说："正让人在挑选好地方。"牛畜用仁义之道劝谏烈侯，用王道[①]约束他，烈侯欣然同意。第二天，荀欣侍奉烈侯，进言要选拔精干的人，起用贤才，任命官吏使用能人。第三天，徐越侍奉烈侯，进言要节俭财用，以此考察衡量臣下的功劳德行。他们进谏的话理由充分，烈侯高兴了。烈侯派人对相国说："赏给歌手田地的事暂且停止。"任用牛畜做师[②]，荀欣做中尉[③]，徐越做内史，赏赐公仲连两套衣服。

九年（公元前 400 年），烈侯去世，他的弟弟武公继位。武公十三年（公元前 387 年）去世，赵国又立烈侯的太子章，他就是敬侯。这一年，魏文侯去世[④]。

敬侯元年（公元前 386 年），武公的儿子赵朝发动叛乱，没有成功，逃奔到魏。赵国开始定都邯郸。

二年（公元前 385 年），赵国在灵丘打败了齐国。三年（公元前 384 年），赵国在廪丘解救了魏，大败齐军。四年（公元前 383 年），魏在兔台打败了赵国。赵国修筑刚平城作为

---

① 王道：以王道治天下是儒家的政治思想，主张施行仁政。

② 师：掌管教育贵族子弟。

③ 中尉：赵国始设此官，负责指挥作战，选拔官吏。

④ 此事应发生在九年前。

进攻卫国的据点。五年（公元前 382 年），齐、魏替卫攻打赵，夺取了赵国的刚平。六年（公元前 381 年），向楚借兵攻打魏，夺取了棘蒲。八年（公元前 379 年），赵国攻破了魏的黄城。九年（公元前 378 年），赵国讨伐齐国。同年，齐国攻打燕国，赵救援了燕。十年（公元前 377 年），赵国和中山国在房子县作战。

十一年（公元前 376 年），魏、韩、赵三家共同消灭了晋国，瓜分了晋的土地。赵国征讨中山，又在中人县作战。十二年（公元前 375 年），敬侯去世，他的儿子成侯种继位。

成侯元年（公元前 374 年），公子胜和成侯争立为君，发动叛乱。二年（公元前 373 年）六月，天下大雪。三年（公元前 372 年），太戊午[①]做了相国。赵国讨伐卫国，夺取了七十三个乡邑。魏国在蔺打败了赵国。四年（公元前 371 年），赵军在高安与秦军作战，打败了秦。五年（公元前 370 年），赵国在鄄（juàn）讨伐齐国。魏在怀地打败赵国。赵国攻打郑国，打败了他们，把获取的郑国土地给了韩国，韩国将长子县给赵国。六年（公元前 369 年），中山国修筑长城，赵国讨伐魏国，在涿泽打败魏军，围困魏惠王。七年（公元前 386 年），赵国进攻齐国，一直到长城。和韩一起攻打周[②]。八年（公元前 367 年），赵和韩把周国一分为二。九年（公元前 366 年），赵与齐在阿县作战。十年（公元前 365 年），赵国进攻卫国，夺取甄县。十一年（公元前 364 年），秦国攻打魏国，赵国前往石阿援救魏国。十二年

---

① 太戊午：一作“太成午”。

② 周：此处指西周。周考王时所封的小诸侯国。

（公元前 363 年），秦进攻魏的少梁，赵救魏。十三年（公元前 362 年），秦献公派庶长国领兵讨伐魏的少梁，俘虏了魏的太子和魏将公叔痤。魏在浍水打败赵，夺取了皮牢。赵成侯和韩昭侯在上党会晤。十四年（公元前 361 年），赵与韩共同攻打秦。十五年（公元前 360 年），赵帮助魏攻打齐。

十六年（公元前 359 年），赵同韩、魏分割了晋，把端氏县封给晋君。

十七年（公元前 358 年），成侯和魏惠王在葛孽会晤。十九年（公元前 356 年），赵成侯与齐威王、宋桓侯在平陆会盟，和燕文公在阿县会盟。二十年（公元前 355 年），魏向赵进献上等木材，用来修建檀台。二十一年（公元前 354 年），魏包围赵都邯郸。二十二年（公元前 353 年），魏惠王攻下邯郸，齐也在桂陵打败魏。二十四年（公元前 351 年），魏归还邯郸，赵和魏在漳水上边会盟。秦攻打赵的蔺城。二十五年（公元前 350 年），成侯去世。公子緤和太子肃侯语如争夺君位，赵緤失败，逃奔到韩。

肃侯元年（公元前 349 年），夺占晋君的端氏县，把晋君迁居到屯留。二年（公元前 348 年），赵肃侯与魏惠王在阴晋会晤。三年（公元前 347 年），公子范袭击邯郸，战败而死。四年（公元前 346 年），肃侯朝见周天子。六年（公元前 344 年），赵国进攻齐国，夺取高唐。七年（公元前 343 年），公子刻攻打魏的首垣。十一年（公元前 339 年），秦孝公派商鞅讨伐魏，俘虏了魏的主将公子卬。赵征讨魏。十二年（公元前 338 年），秦孝公去世，商鞅死。十五年（公

【12】

元前 335 年），兴建寿陵。魏惠王去世①。

十六年（公元前 334 年），肃侯游览大陵，从鹿门出，相国大戊午牵住马头劝谏道：“农耕事正紧张，一天不耕种，一百天没饭吃。”肃侯下车道歉。

十七年（公元前 333 年），赵围攻魏的黄城，没有攻下。赵国开始修筑长城。

十八年（公元前 332 年），齐、魏联合讨伐赵国，赵国掘开黄河堤岸，放水淹没了敌军，齐、魏联军撤走。【12】二十二年（公元前 328 年），张仪任秦的相国。将军赵疵和秦作战，失败了，秦在河西杀了赵疵，占领赵国的蔺、离石。二十三年（公元前 327 年），将军韩举跟齐、魏作战，死在桑丘。

① 此处疑误，此年应相当于魏惠王三十五年。明年魏惠王改侯称王，改年号为惠王元年。太史公误以为惠王卒于此年。

二十四年（公元前326年），肃侯去世。秦、楚、燕、齐、魏各派精锐部队一万人来赵国参加葬礼。肃侯的儿子赵武灵王继位。

武灵王元年（公元前325年），阳文君赵豹任相国。梁襄王（应为梁惠王）和太子嗣、韩宣王和太子仓来信宫朝贺。武灵王年少，不能处理朝政，身边有博闻师①三人，左右有司过②三人。到他处理朝政时，首先向先王肃侯的重臣肥义请教，增加他的俸禄；都城年过八十的三老，每月都送给他们礼物。

三年（公元前323年），修筑鄗城。四年（公元前322年），和韩王在区（ōu）鼠相会。五年（公元前321年），武灵王娶韩国女子为夫人。

八年（公元前318年），韩攻打秦，没有取胜退走了。其他五国互相尊奉为王，唯独赵国没有称王，赵武灵王说："没有实力，怎敢享用那虚名？"命令赵国人称自己为"君"。

九年（公元前317年），赵和韩、魏共同攻击秦，被秦打败了，斩首八万人。齐在观泽打败了赵。十年（公元前316年），秦攻取了赵的中都和西阳。齐攻破燕。燕的相国子之做了国君，燕君反而做了臣子。十一年（公元前315年），赵武灵王从韩召回公子职，立为燕王，派乐池护送他回国。十三年（公元前313年），秦攻取赵的蔺城，俘虏了将军赵庄。楚怀王、魏襄王来赵，访问邯郸。十四年（公元前312年），赵将赵何攻打魏。

---

① 博闻师：帮助帝王增加知识的官员。

② 司过：官名，专门指正国君的过失。

【13】

十六年（公元前 310 年），秦惠王去世。赵武灵王巡游大陵。有一天。武灵王梦见一位少女弹琴并唱了一首诗："美人光彩照人，容颜像苕花一样鲜艳。命运啊命运，竟没有人知道我姓嬴！"【13】又有一天，赵武灵王喝酒很高兴，多次说他所梦见的东西，描绘梦见美人的情景。吴广听了这件事，通过夫人把他的女儿娃嬴送进宫，人称她孟姚。孟姚非常得武灵王的宠幸，她便是惠后。

十七年（公元前 309 年），武灵王出游到九门，修筑了野台，用来瞭望齐、中山国的境内。

十八年（公元前 308 年），秦武王和孟说比赛举龙纹赤鼎，折断膝盖骨死了。武灵王派代相赵固到燕国迎接秦公子嬴稷，护送回秦国，立为秦王，他就是秦昭王。

十九年（公元前 307 年）春正月，武灵王在信宫举行盛大朝会。他召见肥义和他商议天下大事，五天才结束。赵武灵王向北掠取中山国的土地，到达房子县，然后到代，向北到无穷，向西到黄河边，登上黄华山。召见楼缓谋划说："我们的先王顺应世事变化，来做南边属地的君主，连接漳河、滏水，依仗险阻，修筑了长城，又夺取了蔺、郭狼，在荏地打败林胡，但功业还没有建成。如今中山国在我们的腹心，北边有燕国，东面有东胡，西面有林胡、楼烦、秦、韩的边界，却没有强大兵力自救，这样要亡国，怎么办？凡是拥有高于世人的名声，一定会受到被世俗所摒弃的非议。我想让国人改穿胡人的服装。"楼缓说："很好！"群臣都不愿意。

这时肥义陪坐，武灵王说："先主简子、襄子的功业，在于吸取胡人、翟人的优良之处。做臣子的，受到重用，应该明孝悌、知长幼，顺从明理，建立有利于百姓、有益于君主的功业，这两点是臣子的本分。现在我想沿着襄子的足迹，在胡人、翟人的乡土上开拓，可是担心一辈子都找不到这种贤臣。我倡导穿胡服是为了困弱敌人，收到事半功倍的效果，能够不消耗百姓的劳力，继承先代的功业。有成就高于世人的功业的人，负担着被俗人遗忘的牵累；有独到思想的人，必然受到桀骜不驯之人的抱怨。现在我将教百姓穿胡服，骑马射箭，但世俗的人一定会非议我，怎么办？"肥义说："我听说办事迟疑不会成功，行动迟疑不会成名。大王既然决定宁愿背负着被世俗摒弃的忧虑，决定承担世俗的谴责，就不要顾及天下的评议。追求高尚德行的人不附和世俗，成就伟大功业的人不和一般人商量。

以前舜跳苗人的舞蹈，禹在裸国[1]袒露身体，不是为了满足欲望和娱乐心性，是致力修德服人，获得成功。愚昧的人对已经发生的事情还很昏头，智者能够预见还没有发生的事情。大王还疑虑什么呢？”赵武灵王说：“我对改穿胡服没有犹疑，我只担心天下人笑我。狂妄人的快乐，聪明人替他悲伤；愚蠢人所讥笑的事，贤明人看得很清楚。世人若顺从我去做，改穿胡服的功效将是不可估量的。纵然让世人都来笑我，胡地和中山国我是一定会占有的。”因此就改穿胡服。

武灵王派王緤告诉公子成说：“我将要穿着胡人的服装上朝，也希望叔父穿上胡服。在家里听从父母，在朝廷听从国君，这是古今通行的准则。子女不许反对父母，臣子不许背叛君主，这是先王定下的规矩。【14】现在我下教令改变服装，如果叔父不穿，我担心天下人要非议。治理国家有常规，造福于民是根本。参与政事有原则，有令即行是最为理想的。讲究德行先要晓喻平民百姓，而施行政令先要取信于贵族。现在改穿胡服的目的，并非为了满足欲望和娱乐心性，而是为了办事能够达到目的，功业才能有所成就，等到事情完成，功业建立，才算是完善的。现在，我担心叔父违背从政的常规，因此来帮助叔父考虑。况且我听说，做事有利于国家的人，行为不会是邪恶的；依靠贵族的人，名声不会受损害。所以希望仰仗叔父的义举，来成就改穿胡服的功业。我派王緤来拜见您，请您穿胡服。”公子成拜了两拜叩头说：“我本来听说君王穿上了胡服。我没有才能，卧病在床，不

① 裸国：相传是西方国家，那里的人不穿衣服。

能奔走到大王面前进言。大王命令我那样做，我斗胆回答，来竭尽我的愚忠。”公子成说：“我听说中原是聪明睿智的人居住的地方，各种物产汇聚的处所，圣贤在这里推行教化，仁义在这里施行，《诗》《书》《礼》《乐》在这里施用，奇巧技能在这里应用，远方的人来这里观光，蛮夷的人以这里作为楷模。现在大王舍弃这些却穿用边远部落的服装，改变自古以来的政教、常道，违背人们的心意，使博学的人怨怒，抛弃中原的习俗。所以我希望大王考虑这件事。”使者把这些话报告给武灵王。武灵王说：“我本来听说叔父病了，我要亲自去请求他。”

武灵王就去了公子成家，亲自请求他，说：“服装是为了便于使用；礼制为了便于用事。圣人观察方向顺应必然规律，根据不同的事来制定礼仪，用以造福百姓增加国家实力。剪发文身，纹饰臂膀，穿左开襟衣服，是瓯越[1]一带百姓的习惯。染黑牙齿，额上刺花，戴鱼皮帽，穿做工粗劣的衣服，这是吴国的习俗。所以礼制服装虽不同，但追求方便是相同的。地域不同，方法各异，事情不同礼制就随着变更。所以圣人只要有利于他的国家，他的措施不必专一；只要可以便于行事，不必遵循相同的礼制。天下儒生只有一个先师，风气却千差万别，中原礼制相同，教化各有不同，何况在偏远蛮荒之地已经习用便利的风俗呢？所以事物取舍的变化，聪明人不能强求一致，对偏远地方和内地的服装，圣贤也不能整齐划一。边远的地方多有奇异的风俗，浅薄的言论多有狡辩的地方。不懂的事不妄加怀疑，不同于自己的意见不非议，公之于众、博采众见以求得完善。现在叔父所讲的是旧俗，我所讲的是改变旧俗。我的国家东有黄河、漳水，跟齐国、中山国共同拥有，却没有船只可利用。从常山直到代地、上党一带，东有燕国、东胡的土地，西有楼烦、秦、韩的边界，现在没有骑兵防守。所以我们没有船只可用，夹河居住的百姓，将凭什么守住黄河、漳水？改变服装学习骑射，来防御毗邻燕、三胡[2]、秦、韩的边境。况且，当初简主不在晋阳和上党筑要塞固守，襄主吞并戎国，夺取代国，赶走胡人的各个部落，这是愚人智者都明白的道理。过去中山国依恃齐国的强兵，侵略我国的土地，侵扰我的人民，引河水围困了我鄗城，如果没有国家的神灵保佑，那么鄗城几乎失守了。

---

① 瓯越：古越国所在，境内有瓯江，故称瓯越。

② 三胡：东胡、楼烦、林胡。

【15】

先王以此为奇耻大辱，痛惜不能报仇。现在建置骑射的武装，近可利用上党的地势，远可以向中山国报仇。但现在叔父只顾附和中原的旧俗，却违背简主、襄主的意愿，只顾厌恶改变服装的说法，却忘记了鄗城的耻辱，这不是我所希望的。”公子成连拜两次，叩头至地，说：“我愚钝，不懂得君王的深意，竟敢称道世俗的见识，这是我的罪过。现在君王将继承简主、襄主的遗愿，顺承先王的志向，我怎敢不听命令呢？”又接连两拜叩头至地。武灵王于是赐给他胡服。第二天，公子成穿着胡服上朝。武灵王这时正式发布了改穿胡服的命令。【15】

赵文、赵造、周袑、赵俊都劝阻武灵王不要穿胡服，遵循旧俗更适宜。武灵王说：“先王的风俗各不相同，效法什么样的古法？帝王的利益不互相沿袭，哪有古礼可以遵循？

伏羲、神农施行教化而不用刑罚；黄帝、尧、舜使用刑罚而不暴虐。到夏禹、商汤、周文王，根据时代的变化制定法度，按事情的具体情况制定礼制。法律礼制诏令都顺应规律，衣服器械都便于使用。所以礼制不必只用一个模式，便利国家就不必效法古代。圣人兴起并不互相沿袭却称王；夏代、商代衰败，并没有变更礼制却灭亡。那么违反古法不一定就该受到非议，遵循旧礼也不一定就值得称赞。况且如果穿异服就是心智浮荡，那么邹、鲁两国就没有独具一格的行为了；如果说习俗奇特，老百姓就轻慢，那么吴、越就不会有德才优异的人了。何况圣人认为便利身体就是衣服，便于办事就可称为礼制。进退的礼节，衣服的形制，是来统一普通百姓，不是用来要求贤人的。所以一般百姓附和流俗，贤人总是同变革联系在一起。所以谚语说：‘按照书本驾车不能了解马的性情，按照古代礼法治理国家的人不通达事情的变化。’遵循旧法不能成就超凡的君王；照搬古代的学说，不能治理今天的国事。您不懂这些。”于是改穿胡服并招募训练骑射的士兵。【16】

二十年（公元前306年），武灵王掠取中山的土地，到了宁葭；向西掠取胡的土地，到了榆中。林胡王进献马。回来后，派楼缓出使秦，仇液出使韩，王贲出使楚，富丁出使魏，赵爵出使齐。代相赵固驻守胡地，招收胡兵。

二十一年(公元前301年),攻打中山国。赵袑为右军主将，许钧为左军主将，公子赵章为中军主将，武灵王统帅三军。牛翦率领战车战马，赵希统一指挥胡、代的士兵。诸军通过了井陉隘口，在曲阳会师，攻取丹丘、华阳和鸱的关塞。武灵王的军队先后夺取了鄗城、石邑、封龙、东垣。中山国献出四个城邑求和，武灵王应允，停止战斗。二十三年（公元前303年），再次进攻中山国。二十五年（公元前301年），惠后去世。派周袑身穿胡服教导王子何。二十六年（公元前300年），又攻打中山国，侵占了北到燕、代，西到云中、九原一带。

二十七年（公元前299年）五月戊申日，在东宫举行典礼传王位，武灵王传位，立王子赵何为王。王子何参拜祖先行礼完毕，上朝处理政事。大夫都称臣，肥义做相国，并担任新君的老师。他就是赵惠文王。惠文王是惠后吴娃生的儿子。赵武灵王自称为主父。

主父想让儿子主持治国理政，而自己身穿胡服，率领士大夫们向西北掠取胡的土地，打算从云中、九原径直南下袭

击秦国，于是他伪装成使者进入秦国。【17】秦昭王不知内情，奇怪他的形貌非常魁伟，不是臣子的气度，派人追赶他，而主父已飞马离开了秦国的关卡。秦昭王仔细询问，才知道是赵主父。秦国人大为惊讶。主父之所以进入秦国，是想亲自察看地形，观察秦王的为人。

惠文王二年（公元前297年），主父巡行新占领的地方，于是从代出发，向西在西河会见楼烦王，并招收了他的一批士兵。

三年（公元前296年），灭中山国，把中山王迁徙到肤施。武灵王为自己筑灵寿宫，这时，北方的土地刚刚归服，通往代地的通路畅通无阻。武灵王回来后，论功行赏，赦免罪犯，举办酒宴五天，封长子赵章为代地的安阳君。赵章一向奢侈放纵，心中对弟弟立为王不服。主父又叫田不礼做赵章的相。

李兑对肥义说："公子章身强力壮，意气骄横，党羽众多，野心很大，大概有私下的打算吧？田不礼为人残忍好杀又骄蛮。两个人很相投，一定会有阴谋叛乱发生，一旦掌权便图侥幸冒险。小人有野心，就会考虑轻率而谋划浅薄，只见到有利的一面而不顾及有害的一面，同类互相怂恿，一起进入祸害之门。依我看，变乱不久就会发生。您责任重而权势大，是变乱开始，灾祸汇集的所在，您必然首先受害。仁慈的人爱护万物，聪明的人防患于未然。没有仁义没有智慧，怎能治国？您何不称病，不出家门，把政事交给公子成呢？不要做怨恨的焦点，不要做祸患的阶梯。"肥义说："不可以这样。当初主父把大王托付给我说：'不要变你的法度，不要改你的心志，坚守忠心，直到你去世。'我拜了两拜接受王命并且记录下来。现在假如害怕田不礼发难就忘记了先王的命令，还有什么罪过比这更厉害的！进宫接受大王庄严的使命，退朝后不能全力以赴君王的命令，负义没有比这更厉害的了。变心负义的臣子，为法度所不容。谚语说：'倘若死去的人能够复生，活着的人面对他也不感到惭愧。'我已经有言在先，我要信守自己的诺言，哪能顾及我的身体？况且忠贞的大臣，灾难临头显现节操；忠良之士，大祸来到才显出品行高洁。您对我赐教是待我忠心。然而，我有言在先了，终究不敢失信"。李兑说："好吧，您尽力而为吧！我也就只能在今年看见您了。"泪流满面地出来。李兑多次去见公子成，对他说要防备田不礼的叛乱。

有一天，肥义对高信说："公子章和田不礼非常令人忧患。他们在名义上说得好而实际上很险恶，这两人为人不是孝子忠臣。我听说，奸臣在朝廷，是国家的祸害；谗臣在宫中，是国君的蛀虫。这种人贪婪，野心大，在内得君王恩宠而在外残暴。倘若假传王命做出轻慢行为，有朝一日占有王位，他们是不难干出来的，这样灾难将要危害国家。现在我担忧此事，夜里忘记睡觉，饿时忘记吃饭。盗贼的行动不可不防备。从现在开始，如果有朝见大王的一定要先见我，我将先去看看，平安无事王才能进来”。高信说：“好啊！我能听到如此忠诚的话！”

四年(公元前295年),在朝廷召见群臣,安阳君也来朝见。主父让惠文王听政，自己从旁边窥察群臣和宗室贵族的礼仪。看到他的长子章垂头丧气，反而面朝北称臣，屈服在他弟弟之下，心里怜悯他，就想分割赵国让章在代称王，计划没有决定下来就中止了。

主父和惠文王巡游沙丘，住在两个宫。公子章就依靠他的党徒和田不礼作乱，假托主父的命令召见惠文王。肥义先进去，结果被杀了。高信就与惠文王一起同公子章作战。公子成和李兑从国都赶到，就调动四个城邑的兵士进来抗击这场叛乱，杀了公子章和田不礼，杀尽了他们的同党，安定了王室。公子成做了相，称为安平君，李兑做了司寇。公子章打了败仗，逃往主父那里，主父收留了他，公子成、李兑因而包围了主父的宫室。公子章死后，公子成、李兑策划说：“因为公子章而包围了主父的宫室，假如解围，我们这些人将被灭族。”因此就围困主父。传令给宫里人：“后出来的人处死。”宫里的人都出来了。主父想出来又不能够，又找不到食物，取鸟窝中的幼鸟充饥，三个多月后主父饿死在沙丘宫。

主父之死确定之后，才向诸侯报丧。【18】

这时惠文王年少，公子成、李兑专权，他们害怕被杀，所以围困主父。主父当初把长子章立为太子，后来得到吴娃，宠爱她，因为她多年不外出，生了儿子何，就废了太子章而立何为王。吴娃死后，对何的爱减退了，怜惜原来的太子，想让两个儿子都当王，犹豫不决，所以发生了叛乱，以至父子都死了，被天下的人嘲笑，难道不令人痛心吗？

五年（公元前 294 年），将鄚、易两邑给燕国。八年，修筑南行唐城。九年（公元前 290 年），赵梁为将，跟齐军会合进攻韩国，直到鲁关下，撤军而还。到十年（公元前 289 年），秦昭王自称是西帝。十一年（公元前 288 年），将军董叔率领赵军和魏军征讨宋国，从魏国得到了河阳。秦攻取了赵的梗阳。十二年（公元前 287 年），赵梁领兵攻打齐。

十三年（公元前 286 年），韩徐为将，攻打齐国。公主去世。十四年（公元前 285 年），燕相乐毅统率赵、秦、韩、魏、燕五国联军攻齐，夺取了灵丘。惠文王和秦昭王在中阳会晤。十五年（公元前 284 年），燕昭王来赵会见惠文王。赵和韩、魏、秦一起攻打齐，齐湣王失败逃跑，燕军单独深入齐境，攻下了临菑。

十六年（公元前 283 年），秦又与赵多次联合攻打齐国，齐国人很担忧。苏厉替齐王给赵王写信，信中写道：

我听说古代的贤明君主，他的德行并不遍布天下，教化并不普施人民，祭祀四时的供奉并非都被鬼神享用。但是天降甘露，雨水及时，每年谷物丰收，百姓没有疾病瘟疫，大家赞美这些，然而贤明的君主却谋求更好。

如今您的德行和功劳，并不经常施加给秦国；憎恨和积怨，也并非素来来自齐国。秦赵两国联盟，从韩国强行征兵，秦国真的爱赵国吗？他真的恨齐吗？事情做得过分了，贤明的君主就冷静考察。秦国并不是爱赵而恨齐，是想消灭韩而吞并东周、西周，所以用齐做诱饵引诱天下。秦国担心事情不成功，因此出兵胁迫魏、赵。又担心天下诸侯畏惧自己，就派出人质去取得信任。还担心天下诸侯很快反对它，因此向韩国征集军队来威胁他们。它名义上施德于盟国，实际上是为了攻打空虚的韩国。我认为秦国的计谋一定是为此制定的。天下事往往有情势相异而祸患相同的，楚国长期被攻伐而中山国灭亡了，现在齐长期被攻伐，韩国也必然灭亡。攻破了齐，大王和六国分享它的好处。灭亡了韩国，秦国独自占有它。占领东周、西周，向西夺取了周王室的礼器，秦国也独自吞占。计算一下所得的土地和功业，大王跟秦国谁得到的好处比较多?

游说的人分析说："韩国失去三川[①]，魏国失去了原来晋国的地方，用不了多久，赵国就要祸患临头了。"燕国占尽了齐国的北部地区，离沙丘、巨鹿不足三百里，韩国的上党离邯郸只有一百多里，燕国、秦国如果谋取大王的土地，相距三百里就可以达到了。秦国的上郡靠近挺关，到达榆中有一千五百里，秦如果依附三川、河东、韩国上党三郡，进攻赵国上党，那么羊肠坂以西、句注山以南的地区就不属于君王了。过了句注山，攻占据守常山，三百里就可以到达燕国，代地的马、胡地的狗不能向东运来，昆山的玉不能运出，这三种宝物也不属于大王了。大王长期攻打齐国，随着强大的秦国攻打韩国，灾祸一定会临头，希望大王深思熟虑。

况且齐国之所以被秦攻打，因为服侍君王；天下诸侯统一行动，是来对付君王的。燕国、秦国谛结盟约后出兵就指日可待了。五个国家瓜分大王的土地，齐国违背五国的盟约来与大王共患难，向西发兵以抵制强大的秦国，秦国放弃了称帝请求和解，把高平、根柔还给魏国，把郸分、先俞还给赵国，齐国服侍君王，应该说是最好的了，现在却获罪，我恐怕以后天下服侍君王的人不敢坚决了，希望君王仔细考虑。

① 三川：韩地，因境内有黄河、洛河、伊川三条河流而得名。

如今大王不跟诸侯进攻齐国，诸侯一定以为大王是坚持信义。齐国将保住江山因而优厚地侍奉大王，天下一定都敬重大王的信义。要是秦国讲究信义，您就倡导诸侯跟秦友好；要是秦更暴虐，您就带领诸侯压制它。这样一代的英名便归君王了。

因此赵国就撤走军队，谢绝秦国，不再和秦一起攻打齐国。赵王和燕王相会。廉颇为将军，攻打齐的昔阳[①]，夺取了它。十七年（公元前282年），乐毅率领赵军攻打魏的伯阳。【19】秦国怨恨赵国不跟它联合攻齐，讨伐赵国，夺取了赵国两个城邑。十八年（公元前281年），秦攻克了赵的石城。赵惠文王再一次到卫的东阳，决开黄河水道，讨伐魏国。这年，

① 昔阳：《廉颇蔺相如列传》为“晋阳”，《索隐》为“阳晋”。

地面大涝，漳水泛滥。魏冉来赵任相国。十九年（公元前280年），秦攻占赵国两个城邑。赵国把伯阳归还魏国。赵奢领兵，攻打齐国的麦丘，夺取了它。二十年（公元前279年），廉颇为将，攻打齐国。赵惠文王和秦昭王在西河外相会。二十一年（公元前278年），赵国使漳水改道流经武平县西。二十二年（公元前277年），发生大瘟疫。立公子丹为太子。

二十三年（公元前276年），楼昌为将军，攻打魏的几城，没有攻下。十二月，廉颇为将军，攻打几城，夺取了它。二十四年（公元前275年），廉颇为将军，攻打魏国的房子，攻破了它，修筑城墙后撤回。又攻打安阳，夺取了它。二十五年（公元前274年），燕周为将军，攻打昌城、高唐，夺取了它们。赵和魏共同攻击秦。秦国将军白起攻克了赵的华阳，俘虏了一名将军。二十六年（公元前273年），夺取了被东胡袭击占领的代地。

二十七年（公元前272年），将漳水改道流经武平县南。封赵豹为平阳君。黄河水泛滥，发生大灾。二十八年（公元前271年），蔺相如讨伐齐，到了平邑。停止修筑北面的九门大城。燕国将军成安君公孙操杀了燕王。二十九年（公元前270年），秦、韩都相继攻打赵国，包围了阏与。赵国派赵奢做将军，反击秦国，大败秦军于阏与城下，于是赵王赐赵奢封号为马服君。

三十三年（公元前266年），赵惠文王去世，太子丹继位，他就是孝成王。

孝成王元年（公元前265年），秦攻打赵，攻破了三座城。孝成王刚刚即位，赵太后管理政事，秦军急切攻打赵国。

赵国向齐国求救，齐国说："必须拿长安君[1]做人质，才发救兵。"太后不肯，大臣们极力劝谏。太后明确地对左右的人说："谁要再说让长安君做人质，我一定要朝他脸上吐唾沫。"左师触龙说希望拜见太后，太后怒气冲冲地等着他。触龙一进宫，便慢慢地走过去坐下，向太后请罪说："老臣的脚有毛病，不能快走，很长时间不能拜见太后。私下里自我宽恕，却担心太后的身体有什么不舒适。所以希望能看见太后。"太后说："我依靠辇车行动。"触龙又问："您的饭量没有减少吧？"太后说："也就靠喝点稀粥罢了。"触龙又说："老臣近来食欲很不好，就勉强散散步，每天走三四里，稍微增加了饮食，身体也舒适一些了。"太后说："我办不到。"太后不高兴的神色稍稍松弛了。触龙说："我的儿子舒祺年纪最小，没有才能，现在我已经衰老，内心特别疼爱他，希望能够补黑衣卫士的空缺来保卫王宫。我冒死把此事禀告您。"太后说："当然可以，他年纪多大？"触龙回答说："十五岁了。虽然年纪小，希望在我未死之时把他托付给您。"太后说："男人也疼爱自己的小儿子吗？"触龙说："超过妇人。"太后笑着说："妇人特别厉害。"触龙说："老臣私下认为您爱燕后超过了长安君。"太后说："你错了，我爱燕后不如爱长安君厉害。"触龙说："父母爱孩子，就应替他们考虑得长远些。您送燕后出嫁，握着她的脚跟，为她哭泣，想到她的远行，就感到很伤心。她走了，并非不想她，但祭祀时祈祷说：'一定不要让她回来。'难道不是为她考虑长远，希望她的子孙一代接一代做君王吗？"太后

① 长安君：赵太后的小儿子。

说：“对”。触龙说：“从现在算起，三代以前，上推到赵氏开创赵国时，赵王封侯的子孙，继位的人如今还有吗？”太后说：“没有。”触龙说：“不仅是赵国，其他国家还有吗？”太后说：“我没有听说。”触龙说：“这就是‘近者祸及其身，远者及其子孙’①。难道是国君的子孙封侯后都不好吗？是因为地位尊贵却无功勋，俸禄优厚却无功绩，不过拥有许多珍贵的东西罢了。现在您抬高长安君的地位，把肥沃的土地封给他，赐给他很多贵重东西，而不趁现在让他为国立功，一旦您离开人世，长安君凭什么在赵国生存？老臣认为您为长安君打算得不够长远，所以说您爱他不如爱燕后。”太后说：“对，听您的，派他去吧。”于是为长安君准备了一百

① 近者祸及其身，远者及其子孙：形容贵族难免亡国灭祖的祸患，近的身逢其乱，远的遗祸子孙。

辆车，到齐国做人质，齐国的救兵就出动了。【20】

子义听说此事，说："国君的儿子，有骨肉亲情，尚且不能没有功劳居尊位，无功受禄，享有权力和财富，更何况我们这些人呢？"

原齐国安平君田单统率赵国军队攻打燕国的中阳，攻克了。又攻打韩国的注人，也攻克了。二年（公元前 264 年），惠文后去世。田单做了赵的相国。

四年（公元前 262 年），孝成王梦见自己身穿两色衣服，骑飞龙上天，没有到天上就掉了下来，看见金玉珠宝堆积如山。第二天，孝成王召来筮史官敢给他占卜。敢说道："梦见自己穿两色衣，表明做事残缺。骑飞龙上天没有到就掉下来，表明有气势而无力量，梦见金玉珠宝堆积如山，表明国家有忧患。"

以后三天，韩国上党的郡守冯亭派人来，说："韩守不住上党，将要并入秦。上党的官吏、百姓都甘愿做赵的臣民，不想入秦国。上党有城邑十七个，我请求将它并入赵国。请君王裁决，满足吏民的要求。"孝成王非常高兴，召见平阳君赵豹，告诉他说："冯亭进献十七座城邑，接受它怎么样？"赵豹说："圣人认为无缘无故得来的利益是祸害。"孝成王说："那里的吏民向往我的仁德，怎么能说无缘无故呢？"赵豹说："秦蚕食韩国土地，从中截断上党的道路，不让跟韩都相通，原以为坐着就能得到上党的土地。韩之所以不进献给秦国，是想把祸患转嫁给赵国。秦国付出了辛劳而赵国坐得好处，即使是强国、大国也难于轻易从小国、弱国那里得到，小国、弱国难道能去抢夺强国、大国的利益吗？这难道不是无缘无故的利益吗？

况且秦国粮食充足，漕运便利，来蚕食韩国，以最好的马和精锐的士卒分割韩国的土地，它的这个策略已经施行，我们不可同秦作对，一定不要接受。”孝成王说：“我派出百万大军攻城略地，一年多没有得到一座城，现在冯亭把十七座城邑献给我，这是很大的好处。”

赵豹出来，孝成王召见平原君和赵禹，告诉他们这件事。他们说：“发动百万的军队攻打，过了几年没有攻取一座城，现在坐着得到十七座城邑，这是很大的便宜，不能错失。”孝成王说：“好。”于是命令赵胜去接受韩的土地。告诉冯亭说：“敝国的使者赵胜，敝国的国君派我传达命令，封赐给上党太守三个一万户的城邑，封赐给县令三个一千户的城邑，都世代为侯，官吏、百姓增加爵位三级，官吏、百姓能平安相处，都赐给六斤黄金。”冯亭流着眼泪不看使者，说：“我不肯处在三种不义的境地：为国君守卫土地，不能誓死坚守，是一不义；韩王把上党送给秦国，我不听国君的命令，这是二不义；出卖国君土地而自己得到封赐，这是三不义。”赵于是发兵占领上党，廉颇率军驻扎在长平。

七年（公元前 259 年），廉颇被免职，赵括代替他为将军。秦军包围了赵括，赵括率领全军投降，兵士四十多万都被活埋。孝成王悔恨没有听赵豹的建议，所以才有了长平的灾祸。【21】

孝成王回邯郸，不接受秦国的割地要求，秦军包围了邯郸。武垣令傅豹、王容、苏射等率领燕国百姓叛赵回归燕国。赵国把灵丘封赐给楚的相国春申君。

八年（公元前 258 年），平原君去楚国求援。回来后，

【21】

楚军果然来救援，等魏公子无忌也来救援，秦国才撤兵，解了邯郸之围。

十年（公元前 256 年），燕攻打昌壮，五个月后攻克了。赵的将军乐乘、庆舍攻打秦的将领信梁的军队，打败了它。太子（应为周天子）去世。秦攻打西周，攻克了它。大夫徒父祺率军出境。十一年（公元前 255 年），筑元氏城，在上原设县。武阳君郑安平去世，收回了他的封地。十二年（公元前 254 年），邯郸堆积柴草的仓库被烧毁了。十四年（公元前 252 年），平原君赵胜去世。

十五年（公元前 251 年），把尉文县封赐给相国廉颇，为信平君。燕王喜派丞相栗腹跟赵国相约和好，用五百斤黄金送给赵王作礼物。栗腹回国，报告燕王说："赵国的壮男都死于长平，他们的孤儿还没有长成，可以讨伐。"燕王召见昌国君乐间询问。乐间说：“赵国是同四面作战的国家，它的百姓习惯作战，不可以攻打。”燕王说：“我以多攻少，用二比一的兵力攻它，行吗？”乐间说：“不行”。燕王又说：“我用五比一的兵力攻打它，行吗？”乐间说：“不行。”燕王非常生气。大臣们都认为可以。燕国最终派出两支军队、战车两千辆，栗腹率领一支军队攻打鄗城，卿秦统率另一支军队攻打代。廉颇做赵的将军，大破燕军，杀了栗腹，俘虏了卿秦、乐间。

十六年（公元前250年），廉颇围攻燕国。封乐乘为武襄君。十七年（公元前249年），代理相国的大将武襄君乐乘攻打燕，包围了燕都。十八年（公元前248年），赵将延陵钧率领军队跟从相国信平君，帮助魏攻打燕。秦攻取赵国的榆次等三十七座城。十九年（公元前247年），赵国和燕国交换土地。赵把龙兑、汾门、临乐给燕国，燕把葛、武阳、平舒给赵国。

二十年（公元前246年），秦王嬴政初登位。秦军攻下赵国的晋阳。

二十一年（公元前245年），孝成王去世。其子赵偃继位，这就是悼襄王。廉颇为将，攻打魏国的繁阳，攻取了它。赵王派乐乘代替廉颇，廉颇攻打乐乘，乐乘逃跑，廉颇逃亡到魏国。

悼襄王元年（公元前244年），紧急防备魏国入侵。赵国想打通平邑、中牟间的道路，没有成功。

二年（公元前243年），李牧做将军，攻打燕，夺取了武遂、方城。秦召见赵的春平君，借故扣留了他。泄钧为他对秦相文信侯吕不韦说：“春平君是赵王很宠爱的人，而赵王的近侍妒忌他，所以近侍们一起商量说：‘春平君入秦，秦国一定会扣留他。’所以他们一起谋划把他送进秦国。现在您扣留他，这会断绝同赵国的关系，中了赵王近侍们的奸计。您不如送还春平君，把他的副使平都侯扣留。春平君的言行受到赵王的信任，赵王一定多割赵地赎回平都侯。”文信侯说：“好。”于是送走春平君。赵国修筑韩皋城。

三年（公元前 242 年），庞煖为将，攻打燕，俘虏燕国的大将剧辛。四年（公元前 241 年），庞煖率领赵、楚、魏、燕的精锐部队，攻打秦的蕞地，没有攻下；转攻齐国，夺取饶安。五年（公元前 240 年），傅抵为将军，驻扎在平邑。庆舍率领东阳河外的军队，守卫黄河的桥梁、渡口。六年（公元前 239 年），把饶地封给长安君。魏把邺邑赠给了赵。

九年（公元前 236 年），赵攻打燕，夺取貍、阳城。军队还没有撤退，秦国攻打邺，夺取了它。悼襄王去世，他的儿了幽缪王赵迁继位。

幽缪王元年（公元前 235 年），在柏人修城。二年（公元前 234 年），秦军攻打武城，将军扈辄率军救武城，兵败，扈辄战死。

三年（公元前 233 年），秦军攻打赤丽、宜安，李牧率军跟秦在肥城下大战，打退秦军。赵王封李牧做武安君。四年（公元前 232 年），秦攻打番吾，李牧和秦作战，击退了秦。

五年（公元前 231 年），代地发生很大的地震，从乐徐以西，北至平阴，亭台、房屋、墙垣大半倒塌，地面开裂，裂沟东西宽一百三十步。六年（公元前 230 年），大饥荒，百姓谣传说：“赵人发出哭号，秦人发出欢笑。如果不信，请看地上生长的草。”【22】

七年（公元前 229 年），秦人攻打赵，赵国大将李牧、将军司马尚为统帅，攻打秦军。李牧被赵王杀，司马尚被免职，由赵忽和齐将颜聚代替他们。赵忽的军队被打败，颜聚逃走，赵王迁因而投降。

八年（公元前 228 年）十月，邯郸成为秦国的领土。

太史公说：我听冯王孙讲："赵王迁，他母亲是邯郸的歌舞艺人，得到悼襄王的宠爱。悼襄王就废黜了嫡子嘉而立迁为太子。迁一向品行不端，听信谗言，所以杀了良将李牧，重用奸臣郭开①。"难道不荒谬吗！秦国已经俘虏了迁，赵国那些逃亡在外的大夫们共同拥立嘉为王，在代地称王六年，秦进军攻打大破赵王嘉，于是消灭赵，把它改为秦国的郡。

① 郭开：赵王迁的宠臣，秦人用金子买通他，他谗言谋害李牧。

知识拓展

一狐之腋

释义：一只狐狸腋下的皮毛。比喻珍贵的东西。

出处：《史记·赵世家》：“吾闻千羊之皮不如一狐之腋。”

唯唯连声

释义：连声应答，以示顺从。

出处：《史记·赵世家》：“诸大夫朝，徒闻唯唯，不闻周舍之鄂鄂，是以忧也。”

史记卷四十四

魏世家

扫描二维码
阅读本篇原文

毕万　魏文侯　魏武侯　魏惠王　魏襄王　苏代
魏安釐王　唐雎　信陵君

魏的祖先，是毕公高的后代。毕公高和周王室同姓。周武王伐灭商纣后，高便被分封在毕，从此改为毕姓了。他的后代断了封赏，成了平民百姓，有的在中原一带，有的流落在夷狄。他的后裔中有个叫毕万的，侍奉晋献公。

晋献公十六年（公元前661年），赵夙驾车，毕万做卫士，来讨伐霍、耿、魏，消灭了它们。晋献公把耿封给赵夙，把魏封给毕万，都做了献公的大夫。【23】卜偃说："毕万的后代一定昌盛。万，是满数；魏，是高大的意思。用这样的名号开始封赏，上天助他。天子的百姓叫兆民，诸侯的百姓叫万民。现在赐给他大名号，顺应满数，他将来一定会拥有许多百姓。"当初，毕万占卜侍奉晋君的吉凶，得到《屯》卦变为《比》卦。辛廖预测说："吉利。《屯》卦象征坚固，《比》卦象征进入，哪有比这更吉利的？后代一定发达昌盛。"

毕万受封十一年后，晋献公去世，四个儿子争夺君位，晋国大乱。毕万子孙的势力更加庞大，随着他的封邑姓魏了。毕万生了魏武子。魏武子以魏家庶子的身份侍奉晋公子重耳。晋献公二十一年（公元前656年），魏武子跟从重耳逃亡。十九年之后返回晋国，重耳继位成为晋文公，让魏武子继承魏家的后代受封，列为大夫，把魏邑作为治所。

【23】

魏武子生了魏悼子。魏悼子把治所迁到霍邑。他生了魏绛。

魏绛侍奉晋悼公。晋悼公三年（公元前 570 年），与诸侯会盟。晋悼公的弟弟杨干搞乱了军队的队列，魏绛杀了杨干的车夫，以示处罚杨干。悼公很生气，说："会盟诸侯是为了荣誉，现在却侮辱了我的弟弟！"就要杀魏绛。有人劝说悼公，悼公才罢休。最终把政事交给魏绛，派他与戎族、狄族修好，戎族、狄族亲附晋国。晋悼公十一年（公元前 562 年），悼公说："从我任用魏绛以来，八年里，九次会合诸侯，戎族、狄族亲附，都是您的功劳！"赏赐给魏绛乐器，他多次推让，才接受了。迁移治所到安邑。魏绛去世，谥号为昭子。他生了魏嬴。魏嬴生了魏献子。

魏献子侍奉晋昭公。昭公去世后，晋国六卿强大起来，公室力量衰弱了。

晋顷公十二年（公元前 514 年），韩宣子老了，魏献子处理国家政务。晋国公族祁氏、羊舌氏互相仇怨，六卿诛杀了他们，夺取了他们所有的封邑，设置十个县，六卿分别让他们的孩子做县邑的大夫。魏献子和赵简子、中行文子、范献子同时做晋国的卿士。

此后十四年，孔子做了鲁国的相。四年后，赵简子因为晋阳动乱，和韩、魏一起攻打范氏、中行氏。魏献子生了魏侈[①]。魏侈和赵鞅一起攻打范氏、中行氏。

魏侈的孙子叫魏桓子，和韩康子、赵襄子共同攻打消灭了智伯，瓜分了他的土地。

---

① 魏侈：一作"魏曼多""魏哆"。

魏桓子的孙子是文侯魏都[1]。魏文侯元年（此年是他继承魏氏领袖的第二十三年，即公元前424年，自称魏文侯），是秦灵公元年。魏文侯和韩武子、赵桓子、周威王同时。

魏文侯六年，修筑了少梁城。十三年，魏文侯派太子击围攻繁、庞，迁走那里的居民。十六年，讨伐秦国，修筑临晋城、元里城。

魏文侯十七年，魏军攻灭中山国，派太子击据守中山，让赵仓唐辅佐他。太子击在朝歌遇见魏文侯的老师田子方，拉开车让路，下车拜见他。田子方不还礼。太子击就问道："是富贵的人待人傲慢呢？还是贫贱的人待人傲慢？"田子方说："当然是贫贱的人待人傲慢。诸侯傲慢就会丧失国家，大夫傲慢就会丧失封邑。贫贱的人，行动不合国君要求，建议不被国君采纳，就离开前往楚国、越国，像脱掉鞋子一样，怎么可以同等看待呢？"太子击不高兴地走了。魏军西攻秦国，达到郑邑就撤军，修筑了洛阴城、合阳城。【24】

魏文侯二十二年，魏国、赵国、韩国被封为诸侯。

魏文侯二十四年，秦攻打魏，到了阳狐。

魏文侯二十五年，太子击生了太子罃。

魏文侯向子夏学习经书，以客礼对待段干木[2]，经过他的门口，没有不凭轼[3]表示敬意的。秦曾想进攻魏，有人说："魏的国君以礼对待贤明的人，魏国人称颂他仁德，上下和睦同心，不能打它的主意。"魏文侯从此在诸侯中享有很高的声誉。

---

① 魏都：《六国年表》作"魏斯"。

② 段干木：魏国人，姓段干，名木，子夏的学生。魏文侯曾经想用他做官，他不接受。

③ 凭轼：表示敬意。轼，一种设在车前供人凭倚的横木。

【24】

魏文侯任用西门豹①做邺城太守，因此河内一带政治清明。

魏文侯对李克说："先生曾经教导我说：'家贫则思良妻，国乱则思良相。'现在选择丞相，不是魏成子就是翟璜，您觉得这两个人怎么样？"李克回答说："我听说，位卑的人不谋划位尊者的事情，关系疏远的人不谋划关系亲近者的事情，我身在宫门外，不敢受命评价他们。"魏文侯说："先生遇事不要推让。"李克说："是您没有考察的缘故。平常看他所亲近的人，富有时看他所交往的人，为官时看他所举荐的人，穷困时看他所不做的事情，贫苦时看他所不取用的东西，用这五点就足够来确定了，何必用得着我！"魏文侯说："先生回府去吧，我的丞相已选定了。"李克快步出宫，访问翟璜家。翟璜说："最近听说国君召见先生商量选择丞相的意见，究竟选谁做丞相呢？"李克说："魏成子做丞相了。"翟璜气愤得变了脸色，说："凭大家看到的、听到的，我有什么不如魏成子呢？西河郡守是我推荐的。国君内心为邺城忧虑，我推荐了西门豹。国家计划讨伐中山，我推荐乐羊为将。中山攻克后，找不到人守护，我推荐了您。国君的儿子没有老师，我推荐了屈侯鲋。我为什么败给魏成子！"李克说："那么您把我推荐给您的国君，难道就是要结党营私来谋求大官吗？国君询问任命丞相的事说：'不是魏成子就是翟璜，这两个人相比怎么样？'我说：'是国君没有考察的缘故。平常看他所亲近的人，富有时看他所交往的人，为官时看

① 西门豹：姓西门，名豹。曾任邺城太守，任期内他铲除扰民的陋习，开凿渠道灌溉民田，政绩显著。事详见《滑稽列传》。

他所举荐的人，穷困时看他所不做的事情，贫苦时看他所不取用的东西，用这五点就足够来确定了，何必用得着我！’因此知道魏成子将做丞相了。况且您怎么能和魏成子相比呢？魏成子把千钟俸禄的十分之九用在外面，十分之一用在家里，因此从东方招来了卜子夏、田子方、段干木。这三个人，国君都把他们尊为老师。您推荐的五个人，国君任用他们做臣子。您怎么能和魏成子相比呢？”翟璜迟疑了，然后拜了两拜说：“我是鄙陋的人，刚才回答不当，愿意终身做您的学生。”

魏文侯二十六年，虢山崩塌，阻塞黄河。

魏文侯三十二年（应为武侯三年，即公元前393年），魏讨伐郑国。修筑酸枣城。在注邑打败了秦军。三十五年（应为武侯六年），齐攻占了魏的襄陵。三十六年（应为武侯七年），秦军侵略魏的阴晋。

魏文侯三十八年（应为武侯九年），魏讨伐秦，在武下城被秦军打败，俘虏了秦的将领识。这一年，魏文侯去世，太子击继位，他就是魏武侯。[①]

魏武侯元年（应为十年），赵敬侯刚刚继位，公子朔[②]发动叛乱，没有成功，逃奔到魏，和魏军一起袭击邯郸，魏军战败，撤退。

魏武侯二年（应为十一年），在安邑、王垣修城。

魏武侯七年（应为十二年），讨伐齐国，到达桑丘。九年（应为十八年），狄在浍水打败了魏。魏派吴起攻打齐国，

---

① 此处疑误，魏文侯卒于周安王六年，即公元前396年。

② 此处疑误，年表与《赵世家》并作“公子朝”。

到达灵丘。齐威王刚刚继位。[1]

魏武侯十一年（应为二十年），和韩、赵三分晋地，晋国灭亡。

魏武侯十三年（应为二十二年），秦献公设置栎阳县。十五年（应为二十四年），魏在北蔺打败了赵。

魏武侯十六年（应为二十五年），魏攻打楚，夺取了鲁阳。魏武侯去世[2]，太子罃继位，他就是魏惠王。

魏惠王元年（应为武侯二十六年），当初，魏武侯去世的时候，太子罃和公中缓争做太子。公孙颀从宋国到赵国，又从赵国到韩国，对韩懿侯[3]说："魏罃和公中缓争着做太子，您也听说了吧？现在魏罃得到了大夫王错辅佐，控制了上党，算是占有半个魏国了。趁此机会除掉他们，就一定能灭了魏国，机不可失。"韩懿侯很高兴，就和赵成侯合兵进攻魏。在浊泽与魏军交战，魏军大败，魏惠王被围困。赵成侯对韩懿侯说："除掉魏君，拥立公中缓，分割魏地然后撤兵，将对我们有利。"韩懿侯说："不能这样。杀了魏君，人们一定会说我们残暴；分割魏地然后撤兵，人们一定会说我们贪婪。不如把魏国一分为二。魏国分成两国，不会比宋国、卫国强，那我们就最终没有魏国这个忧患了。"赵成侯不听从。韩懿侯不高兴，率领他的精锐部队连夜离开了。魏惠王之所以没有死，国家没有被分割，是由于韩、赵两国意见不一致。如果按照其中一国的主张，魏国就一定被分裂了。所以说："国

---

① 此处疑误，齐威王继位时间为公元前 356 年，应在二十二年之后。

② 此处疑误，魏武侯去世应为二十六年，即公元前 370 年。

③ 韩懿侯：年表作"韩庄侯"，又作"韩共侯"。

君死去后没有嫡子继承，这个国家就可能被攻破。”

魏惠王二年（应为元年），魏在马陵打败韩，又在怀邑打败了赵。三年（应为二年），齐在观地打败魏。五年（应为四年），魏惠王与韩懿侯在宅阳相会。在武堵[①]修城。魏被秦军打败。六年（应为五年），攻取宋国的仪台。九年（应为八年），魏在浍水打败韩军。魏在少梁与秦交战，秦俘虏魏将公孙痤，夺取魏的庞城。秦献公去世，儿子秦孝公继位。

魏惠王十年（应为九年），攻取了赵国的皮牢。彗星出现。十二年（应为十一年），陨星在白天坠落，着地发出声响。

魏惠王十四年（应为十三年），与赵成侯在鄗相会。十五年（应为十四年），鲁、卫、宋、郑的国君来朝见魏惠王。十六年（应为十五年），魏惠王和秦孝公在杜平相会。魏军侵占宋的黄池，宋国又夺取了黄池。

魏惠王十七年（应为十六年），魏和秦在元里交战，秦军夺取了魏的少梁。魏军包围了赵都邯郸。十八年（应为十七年），魏军攻克了邯郸。赵向齐国求救，齐派田忌、孙膑援救赵国，在桂陵打败魏军。

魏惠王十九年（应为十八年），诸侯联军围攻魏的襄陵。魏修筑长城，在固阳筑关塞。

魏惠王二十年（应为十九年），归还赵都邯郸，魏国与赵国在漳河边上结盟。二十一年（应为二十年），魏国与秦国在彤地相会。赵成侯去世。二十八年（应为二十七年），齐威王去世。[②]中山君做魏的丞相。

---

① 武堵：年表作“武都”。

② 此处疑误，应为齐威王十四年，即公元前342年。

魏惠王三十年（应为二十九年），魏国攻打赵国，赵国向齐国告急。齐宣王[①]采用孙膑的计策，用攻打魏国来救助赵国。魏国因而大规模调集军队，让庞涓统率，却让太子申做上将军。经过外黄，外黄的徐子对太子申说：“我有百战百胜的计策。”太子说：“可以听听吗？”徐子说：“本来就是要献给您的。”他说：“太子自己领兵攻打齐国，即使大胜，占领莒邑，那么富有也不过是拥有魏国，显贵也不过是做魏王。若不能战胜齐国，子孙后代就不能拥有魏国了。这就是我的百战百胜的计策。”太子说：“是，我一定听从您的话撤军回去。”徐子说：“太子虽然想撤回去，已经不能够了。那些劝太子作战进攻，想立功受奖的人很多，太子即使想回去，恐怕也不能了。”太子于是想撤军回去，他的车夫说：“将军刚出战就撤回，与失败一样。”太子果然与齐军交战，在马陵失败。齐国俘虏了魏国的太子申，杀了将军庞涓，魏国军队因此大败。

魏惠王三十一年（应为三十年），秦国、赵国、齐国一起攻打魏国，秦国将军商鞅欺骗魏国将军公子卬，袭击夺取了他的军队，击败了他。秦国任用商鞅，土地向东扩展到黄河，齐国、赵国多次打败魏国。魏都安邑临近秦国，因而迁都大梁。立公子赫为太子。

魏惠王三十三年（应为三十二年），秦孝公去世，商鞅逃出秦国，投奔魏国，魏国人很气愤，不让他进入魏境。三十五年（应为三十四年），魏惠王和齐宣王（应为齐威王）在平阿南面相会。

---

① 此处疑误，应为齐威王，宣王即位在二十二年后。

魏惠王多次在战争中遭挫败，用谦卑的礼节和丰厚的赏赐招贤纳士。邹衍、淳于髡（kūn）、孟轲都来到了魏都大梁。魏惠王说："我没有才能，军队多次在外受到挫折，太子被俘虏，上将被杀死，国家因而空虚无力，以致祖先的宗庙社稷受到羞辱，我很惭愧。您不远千里，屈尊来到我的朝廷，打算用什么办法来使我的国家得到好处呢？"孟轲说："您不应该如此谈论利益。国君贪利就会促使大夫贪利，大夫贪利就会促使平民贪利，上下争着逐利，国家就很危险了。作为国君，讲仁义就可以了，要利干什么呢？"

魏惠王三十六年（应为三十五年），又和齐王在甄相会。这一年，魏惠王去世，他的儿子襄王继位。①

魏襄王元年（应为惠王后元元年），和诸侯在徐州相会，互相尊称为王。追尊父亲魏惠王为王。②

魏襄王五年（应为惠王后元五年），秦国在雕阴打败了魏国龙贾率领的四万五千人的军队，围困了魏国的焦城、曲沃。魏国将河西一带地方割让给了秦国。

魏襄王六年（应为惠王后元六年），和秦王在应邑相会。秦攻取了魏国的汾阴、皮氏、焦城。魏讨伐楚，在陉山打败了楚。七年（应为惠王后元七年），魏把上郡完全给了秦国。秦国攻取了魏的蒲阳。八年（应为惠王后元八年），秦把焦城、曲沃还给魏国。

魏襄王十二年（应为惠王后元十二年），楚军在襄陵打败了魏军。各诸侯国执政大臣和秦国丞相张仪在啮桑相会。

---

① 此处疑误，惠成王三十六年改元称一年，未卒。襄王即位在此后十六年。

② 此处疑为太史公自圆其说。

十三年（应为惠王后元十三年），张仪做了魏国丞相。魏国有女子变成男子。秦军攻取了魏国的曲沃、平周。

魏襄王十六年（应为惠王后元十六年），襄王（应为惠王）去世，儿子哀王（应为襄王）继位。张仪又回到秦国。

魏哀王元年（应为襄王元年，即公元前318年），韩、魏、赵、齐、燕五国联军共同攻打秦国，没打胜就退兵了。

魏哀王（应为襄王）二年，齐国在观津城打败了魏。五年，秦国派樗里子攻取了魏的曲沃，在岸门赶跑了犀首。六年，秦国派人来立魏公子政做太子。魏哀王和秦王在临晋相会。七年，攻打齐国。和秦国一起讨伐燕国。

魏哀王（应为襄王）八年，魏国攻打卫国，攻克两座相邻城池。卫君因此很担忧。大夫如耳拜见卫君说："请让我去驱退魏军，免去成陵君的将职，可以吗？"卫君说："先生如果真能做到这步，我愿意世世代代以卫国侍奉您。"如耳见到成陵君说："以前魏国攻打赵国，切断羊肠坂，攻克了阏与，图谋分割赵国，把赵国一分为二，之所以没有灭亡，是因为魏国做联盟领袖。现在卫国已经面临灭亡，将要向西请求侍奉秦。与其由秦国宽恕卫国，不如由魏国宽恕卫国。这样，卫国一定会永远地感激魏国。"成陵君说："好。"如耳拜见魏王说："我曾经到卫国见过卫君。卫国原是周王室的分支，它被称为小国，但宝器很多。现在国家面临危难却不献出宝器，这是因为他们心里认为攻打卫或是宽恕卫都不由君王您做主，所以宝器即使献出来也不一定会落入您手中。我私心料想，最初建议宽恕卫国的人，一定是接受了卫国贿赂的人。"如耳退出后，成陵君入朝，他按照如耳的说法进见魏王。魏王听了成陵君的话，便停止对卫国用兵，罢免成陵君，终身不再见他。

魏哀王（应为襄王）九年，魏王和秦王在临晋相会。张仪、魏章都归依到魏国。魏国丞相田需去世，楚国担心张仪、犀首、薛公之中有一人做魏相。楚国丞相昭鱼对苏代说：“田需死了，我担心张仪、犀首、薛公这三人中有一人会做魏的丞相。”苏代说：“那么要谁做魏相您认为有利呢？”昭鱼说：“我希望魏太子亲自做相。”苏代说：“我愿替您北上见魏王，一定能让他做魏相。”昭鱼说：“您准备怎么做？”苏代回答说：“您来扮作魏王，我暂且以您为魏王游说。”昭鱼说：“怎么说呢？”苏代说：“我从楚国来到魏国，知道昭鱼很担忧，他说：‘田需死了，我恐怕张仪、犀首、薛公之中有一人要做魏相啊。’我对他说：‘魏王是贤明的国君，一定不会让张仪他们做丞相。如果张仪做丞相，一定重视秦国而轻视魏国；如果犀首做丞相，一定重视韩国而轻视魏国；如果薛公做丞相，一定重视齐国而轻视魏国。魏王是贤明的君主，一定能认识到这些不利之处。’魏王就会问：‘那么我让谁做丞相呢？’我就说：‘不如太子亲自做丞相。太子亲自做丞相，这三个人都会认为太子不是长期的丞相，都会尽力让自己的故国侍奉魏国，目的在于自己将来做魏相。凭魏国的强大，又有三个大国辅助，魏国一定会安宁。所以说不如让太子亲自做丞相。’”于是北上拜见魏王，把这些道理告诉魏王。魏太子果真做了魏相。【25】

魏哀王（应为襄王）十年，张仪去世。十一年，魏王和秦武王在应邑相会。十二年，魏太子到秦国朝拜。秦来讨伐

【25】

魏国的皮氏，没有攻克，撤兵而去。十四年，秦武王王后回魏。十六年，秦军攻克魏的蒲坂、阳晋、封陵。十七年，和秦王在临晋相会。秦国归还魏国的蒲坂。十八年，魏国和秦国讨伐楚国。二十一年，魏和齐、韩共同在函谷关打败了秦军。

魏哀王（应为襄王）二十三年，秦又把河外一带和封陵归还魏国，与魏国讲和。魏哀王（应为襄王）去世，他的儿子昭王继位。

魏昭王元年（公元前 295 年），秦攻克魏的襄城。二年，魏军和秦交战，魏军失败。三年（公元前 293 年），帮助韩国攻打秦国，秦国大将白起在伊阙打败魏军二十四万人。六年（公元前 290 年），把河东一带方圆四百里的土地割给秦国。芒卯因有智谋被魏国重用。七年（公元前 289 年），秦军攻克魏国大小城邑六十一座。八年（公元前 288 年），秦昭王称西帝，齐湣王称东帝，一个多月后，又都放弃帝号称王。九年（公元前 287 年），秦军攻克魏的新垣城、曲阳城。

魏昭王十年（公元前 286 年），齐国灭掉了宋国，宋康王在魏的温邑去世。十二年（公元前 284 年），魏国和秦、赵、韩、燕共同攻打齐国，在济西打败齐军，齐湣王逃亡。燕军单独攻入临菑。魏昭王和秦昭王在西周相会。

魏昭王十三年（公元前 283 年），秦攻克魏的安城。秦军抵达大梁，旋即撤离。十八年（公元前 278 年），秦军攻克郢都，楚顷襄王迁都陈邑。

魏昭王十九年（公元前 277 年），昭王去世，他的儿子魏安釐王继位。

魏安釐王元年（公元前 276 年），秦军攻克魏两座城池。

二年（公元前 275 年），又攻克魏两座城池，驻军在大梁城下，韩国来救援，魏把温邑割让给秦国求和。三年（公元前 274 年），秦军攻克魏四座城池，杀死四万人。四年（公元前 273 年），秦军打败魏军、韩军和赵军，杀死十五万人，赶走魏将芒卯。魏将段干子请求把南阳割给秦国求和。苏代对魏王说："想要印玺的是段干子，想要地的是秦国。现在君王让想得到土地的人控制着想要印玺的人，让想要印玺的人控制着魏的土地，魏国的土地不完全丧失就不会停止。况且拿土地侍奉秦国，犹如抱着柴草去救火，柴不烧尽，火不会熄灭。"魏王说："原来是这样。虽然如此，但事情已经开始施行，不能变了。"苏代说："君王难道不懂得那博戏看重枭[①]的道理，有利就吃掉棋子，无利便不行棋。现在君王却说：'事情已经开始施行，不能变了。'为什么君王运用智谋不如使用枭呢？"

魏安釐王九年（公元前 268 年），秦军攻克魏的怀邑。十年（公元前 267 年），秦太子到魏国做人质死了。十一年（公元前 266 年），秦军攻克魏的郪丘。

秦昭王对左右的人说："现在的韩国、魏国与初期相比，哪个时期强大？"回答说："现在的韩国、魏国不如初期强。"秦昭王又问："现在的如耳、魏齐与以前的孟尝君、芒卯相比，谁更贤能？"回答说："如耳、魏齐比不上孟尝君、芒卯。"秦昭王说："凭借孟尝君、芒卯的才能，率领强大的韩、魏军队来攻打秦国，还不能把我怎么样。现在依靠无能的如耳、魏齐，率领弱小的韩，魏来攻打秦国，他们无可奈何也就更显而

① 博戏看重枭：枭是博戏骰子中的一种，得枭即得头彩。

易见了。”左右的人都说：“太对了。”中旗官[1]靠着琴回答说：“大王这样估量天下形势是错误的。当初晋国六卿执政时期，知氏最强大，消灭了范氏、中行氏，又率领韩、魏的军队在晋阳包围了赵襄子，决引晋水淹灌了晋阳城，晋阳城墙只剩六尺没有淹没。知伯巡视水势，魏桓子驾车，韩康子当卫士。知伯说：‘我当初不知道水能灭亡别人的国家，现在才知道了。汾水可以淹魏都安邑，绛水可以淹韩都平阳。’魏桓子用肘碰韩康子，韩康子用脚踩魏桓子，肘和脚在车上互相接触示意，后来知氏的土地就被瓜分，身死国灭，被天下人耻笑。现在秦兵虽然强大，也不能超过知氏；韩，魏虽然弱小，还胜过它们在晋阳城下的力量。现在正像当初韩、魏肘足接触、暗中策划的时候，希望大王不要轻视他们。”于是秦昭王担忧了。

齐、楚联盟攻打魏国，魏派使者向秦国求救，冠盖相望[2]，但秦国的救兵始终不来。魏国有个叫唐雎的人，九十多岁了，对魏王说：“我请求去西边劝说秦王，我要让秦国救兵比我先出秦。”魏王拜了两拜，准备车辆派遣唐雎出使秦国。唐雎到秦后，进见秦王，秦王说：“老人家疲劳困顿地远道来此，很辛苦哇！魏国已多次来求救，我知道魏国很危急。”唐雎说：“大王已经知道魏国危急，却不派救兵，我私自认为出这种策略的大臣无能啊。魏是个大国，之所以侍奉西方的秦国，自称是秦国的东部藩属，接受秦国赏赐的冠帽衣带，春秋两季向秦进贡祭品，是认为秦国强大能够帮助盟国。现在齐、楚联军已在魏都城郊会合，秦国却不派遣救兵，不过凭恃着

---

① 中旗官：官名，掌琴瑟。

② 冠盖相望：形容政府的使节或官员往来不绝。

魏国不危急罢了。假使魏国极端危急，它将割地给齐、楚两国，与他们合纵攻秦。到那时，大王还援救什么？一定要等魏国危急再去援救，这样便会失掉一个东部藩属，而使齐、楚两个敌国强大起来，对大王有什么好处呢？”于是秦昭王立即派出救兵援救魏国。魏国又安定了。

赵国派人对魏王说：“如果替我杀掉范痤，我国愿意把纵横七十里的土地献给魏国。”魏王说：“好。”于是派官吏去逮捕范痤，围住了他家，尚未捕杀，范痤便登上屋顶，骑在屋脊上，对使臣说：“与其拿死范痤进行交易，不如拿活范痤进行交易。假如我死了，赵国不割给君王土地，那么君王将怎么办呢？所以不如先和赵国划定割地，然后再杀我。”魏王说：“好吧。”范痤便上书给信陵君说：“我先前是魏国免职的丞相，赵国用割地做交换条件要杀我，魏王竟听从赵国的要求，如果强秦也沿用赵国的伎俩要求杀您，那您将怎么办？”于是信陵君向魏王进言，释放了范痤。

魏王由于秦国援救的缘故，想亲附秦国，攻打韩国，夺回从前的土地。魏无忌对魏王说：

> 秦国和戎狄习俗相同，有虎狼一样的心，贪婪残暴，好占便宜，不讲信用，不懂礼义德行。如果有利，就会不顾亲戚兄弟的情义，像禽兽一样，这是天下都知道的，它未曾有过施恩积德的情况。宣太后是秦王的母亲，却因忧虑而死；穰侯是秦王的舅父，论功劳没有人比他大，却驱逐了他；两个弟弟无罪，却一并削夺了他们的封邑。对于亲戚都这样，更何况对于有仇怨的国家呢！现在君

王和秦共同攻打韩国，更加临近了秦的祸患，我对此非常疑惑。君王不知道这个道理便不明智，群臣们没有把这个道理向大王说明就不忠诚。

现在韩国靠一个女子辅佐幼弱的国君，内有大乱，外又和强大的秦、魏军队交战，大王认为韩国不致灭亡吗？韩国灭亡了，秦国必将拥有韩的旧地，和大梁相邻，君王认为魏安全吗？现在仰仗着与强秦亲近，想获得旧日土地，君王认为有利吗？

秦国不是个安分的国家，灭掉韩后一定会再起事端，再起事端一定是找最容易和最有利的，找最容易、最有利的一定不会攻打楚国和赵国。为什么呢？跋山涉水，穿过韩的上党来攻打强大的赵国，这是重蹈阏与之战的覆辙，秦国一定不干。如果取道河内，背向邺城、朝歌，横渡漳水、滏水，与赵军在邯郸郊外决战，这是重演知伯的灾祸，秦国也不敢这样干。如果攻打楚国，取道涉谷，行军三千里，进攻冥厄要塞，所经道路很远，所攻关塞险峻，秦国也不敢这样干。如果取道河外，背向大梁，右有上蔡，左有召陵，与楚军在陈郊决战，秦国又不敢这样干。所以说秦国一定不会进攻楚国和赵国，也不会攻打卫国和齐国。

韩国灭亡后，秦军再出兵的时候，势必攻打魏国不可。秦国本来拥有怀邑、茅邑、邢丘等地，如果秦在垝津筑城又逼近河内，河内的共邑，汲邑一定很危急；秦国拥有郑国的旧地，夺得垣雍，如果决引荥泽水、淹灌大梁城，大梁一定会陷落。君王的使臣出访时犯了过错，在秦王面前中伤安陵氏[1]，秦国想要攻灭安陵氏已经很久了。秦国的叶阳、昆阳与魏国舞阳相邻，听任使臣中伤安陵氏，又听任安陵氏灭亡，秦军就会绕过舞阳的北边，向东进逼许，这样我国的南部地区一定吃紧，对我国来说岂不是很大的祸害吗？

憎恶韩，不喜欢安陵氏是可以的，不忧虑秦国，且不忧虑南部地区是不对的。往日秦国在河西之外，魏国旧都距离大梁千里，有黄河、大山阻隔，有周和韩国隔着它。自从在林乡之战到现在，秦军七次攻打魏国，五次进入囿中，边境城邑都被攻克，摧毁文台，焚烧垂都，砍伐林木，射杀麋鹿，国都大梁接着被包围。秦军又长驱直入到大梁的北面，向东到达陶邑、卫邑的城郊，向北到达平监。被秦所消灭的地方，包括山南山北、河内河外、大县城几十座、有名的都市几百处，秦国仅在河西之外，魏国旧都距离大梁千里时，灾祸已经如此。又何况让秦灭亡韩国，拥有韩国的所有土地，没有黄河大山的阻隔，没有周和韩国的阻隔，到时秦国距离大梁仅百里，大祸一定会由此产生的。

往日合纵不成功，是由于楚国、魏国互相怀疑而韩国不肯参加。现在韩国遭受战祸已经三年，秦国挫败它，强迫它媾和。韩国知道自己将要灭亡却不与秦国媾和，而是送人质到赵国，愿与天下诸侯合纵抗秦。在这种情况下，楚、赵两国必然愿意合兵，因为他们都认识到秦的贪欲是无穷无尽的，不把天下所有诸侯消灭光，让海内所有国家

---

① 安陵氏：魏襄王封弟为安陵君，其后代以邑为氏，称安陵氏。

对它称臣，一定不会罢休。因此我愿用合纵的策略为君王效劳，君王立即接受楚、赵两国盟约，挟持韩国的人质而保全韩国，再索取旧日失地，韩国一定会交还。这样既不劳苦军民，又能获得旧日失地，这样做的功效胜过和秦国共同攻打韩国，而且没有与强秦紧邻的祸患。

保存韩国、安宁魏国而使天下得利，这也是大王的天赐良机。打通韩国上党到共邑、宁邑的道路，让他们经过安成，征收往来商贾的过境税，这样魏国就又把韩国的上党当作了抵押。有了这些税收，能够使国家富裕。韩国必定感激魏国、爱戴魏国、尊重魏国、畏惧魏国，一定不敢背叛魏国，这样韩国便成为魏国的县邑了。魏国能以韩国为县邑，防卫大梁，河外一定安宁。现在不保全韩国，东周、西周、安陵势必危急，楚国、赵国大败，燕国、齐国畏惧，天下诸侯向西奔赴秦国去朝见称臣的日子就不远了。

魏安釐王二十年（公元前257年），秦围攻赵都邯郸，信陵君魏无忌假传王命夺取将晋鄙的军队去援救赵国，赵国得以保全。魏无忌便留居赵国。二十六年（公元前251年），秦昭王去世。【26】

魏安釐王三十年（公元前247年），魏无忌返回魏，率领五国的军队，在河外打败秦军，赶跑了蒙骜。这时，魏太子增在秦国做人质，秦王恼怒，要囚禁魏太子增。有人为太子增说情，他对秦王说："公孙喜原来对魏国丞相说：'请派魏军急速攻打秦国，秦王一恼怒，一定会囚禁太子增。魏

【26】

王又因此恼怒，攻打秦国，秦国一定会大伤元气。’现在君王囚禁太子增，这正中了公孙喜的计策。因此不如厚待太子增，与魏和好，使魏国被齐、韩两国怀疑。”秦王于是不再囚禁魏增。

魏安釐王三十一年（公元前246年），秦王嬴政刚刚继位。

魏安釐王三十四年（公元前243年），安釐王去世，太子增继位，他就是景湣王。信陵君魏无忌去世。

魏景湣王元年（公元前242年），秦军攻克魏国二十座城池，作为秦国的东郡。二年（公元前241年），秦攻克魏的朝歌。卫君被迁徙到野王。三年（公元前240年），秦攻克魏的汲邑。五年（公元前238年），秦攻克魏的垣邑、蒲阳、衍邑。十五年（公元前228年），魏景湣王去世，他的儿子魏王假继位。

魏王假元年（公元前227年），燕太子丹派荆轲刺杀秦王，被秦王发觉了。

魏王假三年（公元前225年），秦军引水淹灌大梁，俘虏了魏王假，于是灭了魏，设置为秦的郡县。

太史公说：我去了原来大梁城，故城中的人说：“秦攻克大梁时，是引鸿沟水淹灌大梁，三月后城被淹毁，魏王请求投降，于是魏国灭亡。”议论的人都说，魏国由于不任用信陵君的缘故，国家削弱以致灭亡，我认为不是这样。当时上天让秦国平定天下，它的事业尚未完成，魏国即使得到伊尹一样的贤臣辅佐，又有什么用处呢？

知识拓展

抱薪救火

释义：用抛掷木柴击火的办法灭火。比喻用错误的方法去消除灾祸，结果使灾祸反而扩大。

出处：《史记·魏世家》：“且夫以地事秦，譬犹抱薪救火，薪不尽，火不灭。”

卑礼厚币

释义：谦恭的礼节，丰厚的币帛。表示聘请人的郑重殷切。

出处：《史记·魏世家》：“惠王数败于军旅，卑礼厚币以招贤者。”

史记卷四十五

韩世家

扫描二维码
阅读本篇原文

韩厥　韩懿侯　韩宣惠王　公仲侈　韩襄王　苏代
公孙昧　韩釐王

韩国的祖先和周王室同姓，姓姬。他的后代侍奉晋国，受封在韩原，名为韩武子。韩武子之后第三代有个叫韩厥的，他以封邑为姓，姓韩。

韩厥，在晋景公三年（公元前597年），晋国的司寇屠岸贾准备作乱，借口要杀死与晋灵公之死有关的大臣赵盾。当时赵盾已被杀死，他还想杀死赵盾的儿子赵朔。韩厥阻止屠岸贾，屠岸贾不听从。韩厥告诉赵朔让他逃跑，赵朔说："如果您能保证一定不让赵家的祭祀断绝，我死了也没有什么遗憾。"韩厥答应了他。等到屠岸贾诛杀赵氏家族时，韩厥称病不出。程婴和公孙杵臼藏匿赵氏孤儿赵武，韩厥知道此事。

晋景公十一年（公元前589年），韩厥和郤克率领八百辆战车讨伐齐国，在鞍打败了齐顷公，俘虏了逢丑父。这时，晋国设置了六卿，韩厥占了一个卿的位置，称作献子。【27】

晋景公十七年（公元前583年），景公病了，占卜认为，是大业[①]蒙冤的子孙在作祟。韩厥称颂赵衰的功劳，说现在没有后代为他祭祀，以此来感动晋景公。景公问："赵氏还有后代吗？"于是韩厥说出了赵武，晋景公又把原来封给赵氏的田邑封给赵武，延续赵氏的祭祀。

① 大业：夏禹时人，赵氏的祖先，曾辅佐大禹平水土有功。

【27】

晋悼公七年（公元前566年），韩献子告老。韩献子去世后，他的儿子韩宣子接替他的职位。后来韩宣子迁到州地。

晋平公十四年（公元前544年），吴国季札出使晋国，说："晋国的政权最终要归韩、魏、赵三家了。"晋顷公十二年（公元前514年），韩宣子和赵氏、魏氏共同瓜分了祁氏、羊舌氏的十个县。晋定公十五年（公元前497年），韩宣子和赵简子攻打范氏、中行氏。韩宣子去世，他的儿子韩贞子继位。韩贞子将韩氏迁居到平阳。

韩贞子去世，他的儿子韩简子继位。韩简子去世，他的儿子韩庄子继位。韩庄子去世，他的儿子韩康子继位。韩康子和赵襄子、魏桓子共同打败了知伯，瓜分了他的封地。这样，韩康子的领地更大了，大于晋君的领地。

韩康子去世，他的儿子韩武子继位。韩武子二年（公元前423年），讨伐郑国，杀了郑幽公。十六年（公元前409年），韩武子去世，他的儿子景侯继位。

韩景侯虔元年（公元前408年），讨伐郑国，夺取了雍丘。二年（公元前407年），郑国在负黍打败了韩军。

六年（公元前403年），韩虔和赵、魏一起被列为诸侯。

九年（公元前400年），郑国攻韩国的阳翟。韩景侯去世，他的儿子韩列侯继位。

韩列侯三年（公元前397年），聂政[①]杀死了韩的相国侠累。九年（公元前391年），秦攻打韩的宜阳，夺取了六座城邑。十三年（公元前387年），韩列侯去世，他的儿子文侯继位。

---

① 聂政：韩国人，韩烈侯时韩遂和相国侠累因争权相互仇怨，聂政为韩遂刺杀侠累。事详见《刺客列传》。

这一年魏文侯去世。

韩文侯二年（公元前385年），讨伐郑国，夺取了阳城。讨伐宋国，到达彭城，俘获了宋君。七年（公元前380年），讨伐齐国，到了桑丘。郑国反叛晋国。九年（公元前378年），讨伐齐国，到了灵丘。十年（公元前377年），文侯去世，他的儿子哀侯继位。

韩哀侯元年（公元前376年），和赵、魏两国瓜分晋国。二年（公元前375年），韩灭郑，因而迁都到新郑。

韩哀侯六年（应为懿侯四年，即公元前371年），韩严杀哀侯，哀侯的儿子懿侯继位。

韩懿侯二年（应为六年），魏国在马陵打败韩国。五年（应为九年），和魏惠王在宅阳会见。九年（应为昭侯元年，即公元前362年），魏国在浍水旁打败了韩。十二年（应为昭侯三年），懿侯去世，他的儿子昭侯继位。

韩昭侯元年（应为五年），秦在西山打败了韩。二年（应为六年），宋国夺取了韩的黄池。魏国夺取了韩的朱地。六年，讨伐东周，夺取了陵观、邢丘。

韩昭侯八年，申不害做韩的相国，研究统治之术，推行自己的政治主张，国内因而清平，各诸侯国都不敢来侵犯。

韩昭侯十年，大夫韩姬杀了他的国君韩悼公[①]。十一年，韩昭侯前往秦国。二十二年，申不害去世。二十四年，秦国攻克了韩的宜阳。

韩昭侯二十五年，韩国发生旱灾，韩昭侯要修筑一座高门。楚国大夫屈宜臼说："韩昭侯走不出这座门，为什么呢？

① 韩悼公：韩国无悼公，疑为晋君悼公。

因为不合时宜。我所说的时，不是指时间，一个人本来有顺利的时候，有不顺利的时候。昭侯曾经有顺利的时候，那时不修高门。去年秦国攻占了宜阳，今年又是大旱灾，昭侯不在此时体恤百姓的困难，反而更加奢侈，这就叫‘国家衰败的时候却做奢侈的事情’。”二十六年，高门修成，韩昭侯去世了，果然没有走出此门。他的儿子宣惠王继位。

宣惠王五年（公元前328年），张仪做秦国丞相。八年（公元前325年），魏国打败了韩将韩举。十一年（公元前322年），韩国改君号为王[①]。和赵君在区鼠会见。十四年（公元前319年），秦国攻打韩国，在鄢陵打败韩军。

宣惠王十六年（公元前317年），秦国在脩鱼打败韩国，俘虏了韩将鲠和申差，秦国和韩国又在浊泽交战。韩国着急，相国公仲侈对韩王说：“盟国是不可靠的。秦国想要攻打楚国很久了，大王不如通过张仪和秦国讲和，送给它一座名城，准备好甲兵，和秦一起向南攻打楚国。这是用一失换取两得的计策啊！”韩王说：“好。”于是让公仲侈警戒行动，打算向西和秦国讲和。楚王听说非常惊恐，召来陈轸告诉他这个消息。陈轸说：“秦国想要攻打楚国很久了，现在又得到了韩的一座名城和它的兵力，秦、韩合兵来攻打楚，这正是秦所祈求的事情。现在它已经得到了这些，楚国一定会遭攻击了。大王请听我的话，警戒国境四周，然后发兵声称援救韩国，命令战车布满道路，派出忠诚的使臣，多备几辆车，多带礼品去谒见韩王，使他相信大王会援救韩。即使韩王不听我们的话，也一定会感激大王，一定不会和秦齐心合力来

---

① 此处疑误，此事应发生在宣惠王十年，即公元前323年。

攻打我们。这样，秦、韩两国就会产生不和，他们的军队虽然来了，楚国也不会十分危险。如果韩国能听我们的话，和秦国断绝关系，秦国必定非常恼怒，深深地怨恨韩国。到那时韩国向南结交楚国，一定会轻视秦国；轻视秦国，对待秦国一定不会尊敬：这就是利用秦、韩两国的矛盾来免除楚国的祸患。”楚王说：“好。”于是在国境四周加强警戒，发兵声称去救援韩国。命令战车布满道路，派出忠诚的使臣，准备了许多车辆，带着丰厚的礼物去韩国。使者对韩王说：“我们的国家虽小，已出动了全部的军队。希望贵国能在攻打秦国的战争中称心如意，我们楚国将拼死援助韩国。”韩王听到这句话非常高兴，就不让公仲侈出使秦国了。【28】公仲侈说：“不行。真正攻打我们的是秦国，用虚名援救我们的是楚国。大王依赖楚国的虚名，轻易和强大的敌国秦绝交，这样做，大王一定会被天下所讥笑。况且楚、韩两国并非兄弟之国，又没有预先结盟去攻打秦国。我们已经有了秦、韩联合打楚国的迹象，楚国才发兵声称援救韩国，这一定是陈轸的计谋。而且大王已派人告知秦国我们要讲和，现在不去，这是欺骗秦国。随意欺骗强大的秦国而轻信楚国的谋臣，恐怕大王一定会后悔的。”韩王不听，于是和秦绝交。秦王因此大怒，增兵攻打韩国，两国大战，而楚国并没有向韩国派出救兵。十九年（公元前 314 年），秦在岸门大败韩军。韩国送去子仓作为人质去和秦讲和。

宣惠王二十一年（公元前 312 年），秦和韩共同攻打楚，打败了楚将屈匄，在丹阳杀死了八万楚军。这一年，宣惠王去世，太子仓继位，他就是韩襄王。

【28】

韩襄王四年(公元前308年),和秦武王在临晋会见。秋天,秦派甘茂攻打韩的宜阳。五年(公元前307年),秦攻克宜阳,杀死韩军六万人。秦武王去世。六年(公元前306年),秦又把武遂还给韩国。九年(公元前303年),秦又攻占了武遂。十年(公元前302年),太子婴朝见秦王后返回。十一年(公元前301年),秦攻打韩,夺取了穰邑,秦和韩攻打楚国,打败了楚将唐昧。

韩襄王十二年(公元前300年),太子婴去世。公子咎和公子虮虱争做太子。当时,公子虮虱正在楚国做人质。苏代对韩咎说:“公子虮虱流亡楚国,楚王很想送回他。现在十余万楚军驻扎在方城以北,您为什么不让楚王在雍氏城旁边修筑一座万户人口的城邑。这样韩国一定出兵去救援雍氏,您一定会带兵为将。您可以利用韩、魏两国的军队支持虮虱,把他接回来,他一定听您的话。必定会把楚、韩边界地区赐封给您。”韩咎听从了他的计谋。

楚国包围了雍氏,韩向秦求救。秦没有派兵,却派公孙昧到韩国。公仲侈说:“您认为秦国将会援救韩国吗?”公孙昧回答说:“秦王说过‘让我取道南郑、蓝田,出兵到楚国去等您’,恐怕他言行不一啊!”公仲侈说:“您认为秦王果真会如此做吗?”公孙昧回答说:“秦王一定会效法张仪的老办法。从前楚威王攻打魏国,张仪对秦王说:‘和楚一起攻打魏,魏国失败后会归入楚,而韩本来是它的盟国,这样秦就孤立了。秦国不如出兵假装援魏,让魏、楚两国大战,秦就可以乘机夺取西河外的土地回来。’现在的情况是,秦假装与韩结为盟国,其实暗地里和楚国友好。您以为秦兵会到来，一定会轻易地和楚国交战。楚国暗地里知道秦国不会为您出力，一定不怕和您对峙。如果您能战胜楚国，秦国会和您一起攻击楚国，到三川地区耀武扬威然后回国。如果您不能战胜楚国，楚国（应为秦国）就会扼守三川地区，您就无法去援救。我私下为您担忧。如今司马庚三次来回于郢都，秦左相甘茂和楚相昭鱼在商於会见，他们说要收回军令，停止楚攻打韩的行动，实际上好像另有图谋。”公仲侈惊恐地说：“那怎么办呢？”公孙昧说：“您一定要先考虑韩国的条件，再去指望秦；先考虑自己的策略，再想到张仪的权术。您不如马上去和齐、楚联合，齐、楚一定会把国事委托给您。您所厌恶的是张仪的欺骗手法，其实还是不能无视秦国。”之后楚国解除了对雍氏的包围。

苏代又对秦太后的弟弟芈戎说：“公叔、伯婴[①]担心秦、楚两国支持公子虮虱回国，您为什么不替韩国向楚国索取质子虮虱呢？如果楚王听从把虮虱放回韩国，那么公叔、伯婴就知道秦、楚都不把虮虱当作一回事，必定让韩听命秦、楚。秦、楚挟制韩国，去逼迫魏国，魏就不敢和齐联合，这样齐就孤立了。如果您为秦（应为魏）向楚国索取质子虮虱，楚不听从，必然与韩国（应为魏国）结怨。那时韩国（应为秦国）依靠齐（应为韩）、魏去围攻楚，楚国一定会尊重您。您倚仗秦、楚两国的权威对韩国做点好事，公叔、伯婴一定会等待您处理国家大事。”虮虱终于没能返回韩国。韩国立公子咎为太子。齐王、魏王来访[②]。

---

① 伯婴：即太子婴，此前已死，此处应为公子咎。

② 此事发生在韩襄王十三年，即公元前299年。

韩襄王十四年（公元前 298 年），韩王和齐王、魏王共同攻打秦，到了函谷关驻扎下来。十六年（公元前 296 年），秦把黄河以南的地方和武遂归还韩。襄王去世，太子咎继位，他就是韩釐王。

韩釐王三年（公元前 293 年），韩国派公孙喜率领韩军、魏军攻打秦国。秦军在伊阙打败韩魏联军二十四万人，俘虏了公孙喜。五年（公元前 291 年），秦攻克了韩的宛城。六年（公元前 290 年），韩把武遂的二百里土地割让给秦国。十年（公元前 286 年），秦在夏山打败了韩军。十二年（公元前 284 年），和秦昭王在西周会见，并帮助秦攻打齐国。齐国战败，齐湣王出外逃亡。十四年（公元前 282 年），韩王和秦王在东周、西周之间会见。二十一年（公元前 275 年），韩国派暴鸢援助魏国，被秦国打败，暴鸢逃到开封。

韩釐王二十三年（公元前 273 年），赵、魏攻打韩国的华阳。韩向秦国告急，秦国没有来救援。韩国相国对陈筮说："事情紧急，虽然劳累，也希望您连夜到魏国去一趟。"陈筮会见穰侯。穰侯问："事情很紧急吧？特地派您到这里来。"陈筮说："不紧急。"穰侯生气地说："这样您能做国君的使者吗？韩国使者冠盖相望，向敝国报告情况很紧急。您来说不急，这是为什么呢？"陈筮说："韩国要是危急，就会改变立场依附他国，因为情况还不是那么紧急，所以我再一次来这里了。"穰侯说："您不必去见秦王了，我们就派兵去救韩国。"过了八天，秦军到达韩国，在华阳山下打败了赵、魏两国的军队。这一年，韩釐王去世，他的儿子韩桓惠王继位。

韩桓惠王元年（公元前 272 年），韩攻打燕国。九年（公

【29】

元前 264 年），秦攻克了韩的陉地，在汾水旁筑城。十年（公元前 263 年），秦军在太行山攻打韩军，韩上党郡郡守献上党郡向赵国投降。十四年（公元前 259 年），秦攻克了赵的上党郡，在长平杀死了马服子赵括的士兵四十万人。十七年（公元前 256 年），秦攻克了韩的阳城和负黍。二十二年（公元前 251 年），秦昭王去世。二十四年（公元前 249 年），秦攻取韩的成皋、荥阳。二十六年（公元前 247 年），秦全部占领了韩的上党郡。二十九年（公元前 244 年），秦攻取了韩的十三座城邑。

三十四年（公元前 239 年），桓惠王去世，他的儿子韩王安继位。

韩王安五年（公元前 234 年），秦国攻打韩国，韩国危急，派韩非出使秦国，秦国扣留韩非，借故杀了他。

九年（公元前 230 年），秦俘虏了韩王安，全部占有了韩国的土地，设为颍川郡。韩国最后灭亡了。【29】

太史公说：韩厥感动了晋景公，让赵氏孤儿赵武做了赵氏的继承人，从而成全了程婴和公孙杵臼的义举，这是功在天下的阴德。韩氏在晋国没有更大的功劳，然而却能和赵氏、魏氏一样做十几代诸侯，也是应该的啊！

史记卷四十六

田敬仲完世家

扫描二维码
阅读本篇原文

陈完　田常　齐威王　邹忌　齐宣王　齐湣王　齐王建

陈完，是陈厉公陈他（应为陈跃）的儿子。陈完出生时，适逢周太史经过陈国，陈厉公让太史为陈完占了一卦，得到的是《观》卦变为《否》卦，周太史说："这个卦象的意思是，他作为使者到别的国家观览，适合做国君的重臣。但是，能否为陈氏执掌国政呢？也许不在陈国，而是在别的国家吧？也许不是由他去掌权，而是在他的子孙后代。如果是在别国，一定是姜姓的国家。姜姓是尧时的四方部落的后代。任何事物不能两强并存，陈国衰弱了，他的后代大概要昌盛起来吧？"

陈厉公是陈文公的小儿子（应为孙子），他的母亲是蔡国人。陈文公死后。厉公（应为陈他）的哥哥陈鲍继位，他就是桓公。桓公和他的弟弟陈他是异母所生。在桓公生病的时候，蔡国人替陈他杀了桓公陈鲍和太子陈免，立陈他（应为陈跃）为君，他就是陈厉公。[①]厉公继位之后，娶了蔡国女子为妻。他的妻子和蔡国人私通，经常跑回蔡国，厉公也多次去蔡国。桓公的小儿子陈林怨恨厉公杀了他的父兄，就用蔡国人引诱厉公并杀了他。陈林自立为君，他就是陈庄公。所以陈完不能继承君位，而是做了陈国大夫。厉公被杀，因

① 此处疑误，应为桓公去世后，陈他杀太子免，自立为君。蔡国人杀陈他，改立陈跃为君，是为厉公。

为他为了淫欲出国，所以《春秋》说“蔡国人杀了陈他”，是谴责他。

陈庄公去世，立他的弟弟杵臼，他就是宣公。宣公二十一年，杀了太子御寇。御寇和陈完关系亲密，陈完担心祸及其身，因而逃奔到齐国。齐桓公要让他做卿，陈完推辞说：“在外漂泊的臣子，幸得免去困苦，这已经是君王恩惠，不敢再担任高位。”桓公并让他做了工正。齐国（应为陈国）大夫懿仲想把女儿嫁给陈完，占了一卦，占卜的人说：“这就是所谓凤凰比翼双飞，鸣声相和悦耳。有妫氏的后代，将要在姜姓的国家生长。五代之后，大概要兴旺起来，地位和卿相一样。八代以后，没有谁可以比得上了。”于是把女儿嫁给了陈完。陈完逃奔到齐国时，齐桓公在位已十四年了。

陈完死后，谥为“敬仲”。敬仲的儿子叫稚，字孟夷。敬仲去了齐国，因此改陈姓为田姓。

田稚孟夷生子名湣，字孟庄，田湣孟庄生子名须无，谥号“文”。田文子侍奉齐庄公。

晋国的大夫栾逞在晋国发动叛乱，来投奔齐国，齐庄公把他当作贵宾来优待。晏子和田文子劝谏，庄公不听。

文子去世，他生子无宇，谥号“桓”。无宇很有气力，侍奉齐庄公，非常得宠。

无宇去世，留下两个儿子，一个名开，谥号“武”；另一个名乞，谥号“釐”。田釐子乞做齐景公的大夫，他向百姓收赋税时用小斗，借粮给百姓时用大斗，暗中给百姓施恩，齐景公没有禁止他。【30】于是田氏深得齐国民心，田氏宗族势力更加强大。晏子多次劝谏齐景公，景公不听。不久晏

子出使到晋国，对叔向私下说："齐国的政权最终要归入田氏手中。"

晏婴去世后，范氏、中行氏反叛晋国。晋国加紧攻打他们，范氏、中行氏向齐国借粮。田乞想要叛乱，在诸侯中结党，于是劝景公说："范氏、中行氏对齐国多次有恩，齐国不能不救援。"于是，齐国派田乞救援他们，并运去了粮食。

景公的太子早亡，景公有个宠姬叫芮子，生子叫荼。景

公病重，让他的相国国惠子和高昭子立儿子荼为太子。景公去世后，高、国两相立荼为君，这就是晏孺子。但田乞对此很不满，打算立景公另外一个儿子阳生。阳生平常和田乞关系密切。晏孺子继位后，阳生跑到了鲁国。田乞假装侍奉高昭子、国惠子，每次上朝都陪同乘车，说："当初诸位大夫不想立孺子。孺子既然已经当上了国君，你们还做相国，大夫人人自危，图谋发动叛乱。"又哄骗大夫们说："高昭子这人很厉害，趁他还没有动手，我们先干掉他。”大夫们都听从他。田乞、鲍牧和大夫们带兵进入晏孺子宫中，高昭子闻讯，和国惠子去救齐君。齐君的军队失败。【31】田乞的部下追击国惠子，国惠子逃往莒地，于是返回来杀了高昭子。晏婴之子晏圉逃奔到鲁国。

田乞派人到鲁国迎接阳生。阳生到了齐国，藏在田乞家。田乞向大夫们发出邀请说：“田常的母亲有一些鱼菽之祭[①]，请诸位前来会饮。”大夫们在田乞家集会饮酒。田乞把阳生装在皮口袋中，放在正中央的座位上。打开口袋，放出阳生，说：“这才是齐国的国君啊！”大夫们都跪下参拜，想要盟誓拥立阳生。田乞谎称：“我和鲍牧共同拥立阳生。”鲍牧发怒说：“大夫们忘了景公的遗命吗？”大夫们想反悔，阳生便叩头说：“行就立我为君，不行就罢了。”鲍牧怕祸及其身，便又说：“都是景公的儿子，有什么不行的呢！”于是在田乞家拥立了阳生，他就是齐悼公。于是派人把晏孺子迁到骀地，然后杀了他。悼公继位之后，田乞做了齐相，独揽齐国的政权。

四年后，田乞去世，他的儿子田常继承父位，他就是田成子。

鲍牧和齐悼公不和，杀了悼公。齐国人共同拥立他的儿子壬，他就是齐简公。田常和监止同时当左右相，辅佐简公。田常妒忌监止，监止深得简公的宠幸，田常无力将他赶走。于是田常重新使用田釐子的政策，用大斗借粮食给百姓，用

---

① 鱼菽之祭：形容祭品微薄，只有些鱼和豆类，战国时期齐国的妇女祭祀往往如此。祭过祖先之后，祭品与亲朋分享，所以也指酒席菜肴菲薄。

小斗收回。齐国人歌唱道："老妇采的野菜都归于田成子了！"齐大夫们上朝，御鞅劝简公说："田常、监止不能同时做相，您一定要从中选择呀！"简公不听。

子我，是监止的族人，曾经和田氏发生矛盾。田氏远房族人田豹侍奉子我，很得宠。子我说："我想全部消灭田氏嫡系，用你来代替田氏正宗。"田豹说："我和田氏是远房族人。"没有答应。不久田豹对田氏说："子我将要杀田氏，田氏不先动手，灾祸就要临头了。”子我住进王宫，田常兄弟四人便乘车进入宫中，想杀子我。子我紧闭大门。简公正和嫔妃在檀台饮酒，想派兵攻打田常。【32】太史子馀说：“田常不敢作乱，他是要除害。”简公才不出兵。田常退出以后，听说简公发怒了，害怕被杀，想要出逃。田子行说：“迟疑，是坏事的根源。”田常于是袭击了子我。子我率领部下迎击，没有取胜，便出逃了。田氏的部下追杀了子我和监止。

简公出逃，田氏的部下追到徐州，抓住了简公。简公说：“我早听御鞅的话，就不会招来这场灾难。”田氏等人害怕简公再被立为国君后杀自己，于是杀了简公。简公在位四年被杀。于是田常就立简公的弟弟骜为君，他就是齐平公。平公继位后，任田常为相。

田常杀死简公之后，害怕诸侯共同杀掉自己，便全部归还了侵占的鲁、卫的土地，向西和晋国的韩氏、魏氏、赵氏结盟，向南派出使臣结好吴、越；兴利行赏，亲近百姓，因此齐国又安定下来。

田常对齐平公说：“施行德政是人们的希望，请国君去施行；刑罚是人们所憎恨的，请让我去执行。”这样实行了五年，齐国政权都归田常掌握。于是，田常把鲍牧、晏圉、监止以及国君同族中势力强大的人全部除掉，又划出齐国从安平以东到琅邪之间的地区，作为自己的封地。封地比齐平公所享受的食邑还要大。

田常于是挑选齐国身长七尺以上的女子做后宫嫔妃，后宫嫔妃数以百计，还不禁止田氏的宾客、下属任意出入后宫。等到田常去世，有七十多个儿子。

田常去世，他的儿子襄子盘接替了他的相位。田常谥号为成子。

田襄子做了齐宣公的相国后，三晋大夫杀了知伯，瓜分了他的领地。襄子让他的兄弟、本族人全部当了齐国大小城邑的大夫，和三晋互派使臣，几乎拥有整个齐国。

襄子去世，他的儿子庄子白继承父位，做了齐宣公的相国。宣公四十三年（公元前 413 年），讨伐晋国，攻破黄城，包围了阳狐。第二年，攻伐鲁、葛和安陵。第三年，攻取了鲁国的一座城邑。

庄子去世，他的儿子太公和继承了相位。宣公四十八年（公元前 408 年），夺取了鲁国的郕城。第二年，宣公和郑国人在西城会盟，攻打卫，夺取了毌（guàn）丘。宣公在五十一年（前 405 年）去世，田会从廪丘反叛。

齐宣公去世，他的儿子康公贷继位。贷在位十四年，沉湎于酒色，不理朝政。田太公就把康公迁到海滨，给他一个城作为食邑，来供奉他的祖先。第二年，鲁在平陆打败了齐。

康公三年（公元前 402 年），田太公和魏文侯在浊泽会面，谋求被封为诸侯。魏文侯（应为魏武侯）便派使者去呈报周天子和各诸侯，请求立齐国相国田和为诸侯。周天子答应了这个请求。齐康公十九年（公元前 386 年），田和被立为诸侯，并列在周室的各诸侯中，用元年开始纪事。

齐侯太公被立为诸侯的两年后去世，他的儿子桓公午（应为侯剡）继位。桓公午五年（应为侯剡五年，即公元前 380 年），秦、魏联合攻打韩国，韩向齐国求救。齐桓公（应为侯剡）召集大臣们商议说：“应当早救韩国还是晚救韩国呢？”邹忌[①]说：“不如不救。”段干朋说：“不救的话，那么韩国就要被打败而归入魏国，不如救它。”田臣思[②]说：“你们的计谋错了，秦和魏共同攻打韩，楚和赵一定会救援它，这是上天把燕国赐给齐国的大好时机。”桓公（应为侯剡）说：“对！”于是暗地里告诉韩国使者说要救援韩国，把他打发走。韩国以为得到了齐的救援，于是和秦、魏交战。楚、赵听说后，果然起兵救援韩。齐国乘机发兵袭击燕国，夺取了桑丘。

桓公午六年（应为侯剡六年），齐国出兵救援卫国。桓公去世，他的儿子威王因齐继位。[③]这年，原齐康公去世，没有后代，封邑都归入田氏手中。

齐威王元年（应为侯剡七年，公元前 378 年），三晋趁着齐国办国丧，来讨伐齐的灵丘。三年（应为侯剡九年），三晋灭了晋国宗室并瓜分了他的土地。六年（应为桓公二年），鲁国讨伐齐国，攻入了阳关。晋[④]讨伐齐国，打到了博陵。七年（应为桓公三年），卫攻打齐国，攻取了薛陵。九年（应为桓公五年），赵讨伐齐，夺取了甄。

齐威王自继位以来，不理朝政，委托卿大夫们处理国政，九年之间，诸侯同时进攻，齐国人不得安宁。于是，齐威王召来即墨的大夫对他说：“自从你到即墨任职，坏话每天都传来。然而我派人视察即墨，看到田野都已开垦，百姓安居乐业，公务没有积压，齐国东部因此很安宁。这

---

① 邹忌：即驺忌，善于鼓琴，齐威王任他为相，封在下邳，称为成侯。

② 田臣思：即田忌，齐国名将。

③ 此处史实疑误，《索隐》说：“按照《纪年》，齐桓公十八年后，威王始见。”

④ 晋：这里指魏国。

是因为你不会讨好我的左右近臣来求得赞誉。”于是封给他万户的食邑。召来阿城大夫对他说：“自从你驻守阿城，天天可以听到夸奖你的好话。但我派人视察阿城，看到田野没有开垦，百姓生活贫苦。以前赵攻打甄城，你没能救援。卫夺走了薛陵，你竟不过问。这一定是你用钱贿赂我的左右近臣来求取名誉。”当天烹杀了阿城大夫，连曾经夸奖阿城大夫的左右近臣也一起烹杀了。于是发兵向西攻打赵、卫，在浊泽打败魏，并围困了魏惠王。魏惠王请求进献观地来求和，赵国也归还了齐的长城。于是齐国上下都很震惊，人人不敢文过饰非，都一心一意竭尽忠诚，齐国变得政治清明，社会安稳。诸侯听到这些，二十多年不敢发兵攻打齐国。

邹忌凭弹琴见到威王，威王很高兴，让他住在宫内的右室。不一会儿，威王弹起了琴，邹忌推门而入说：“弹得真好啊！”威王勃然大怒，推开琴按着剑说：“先生只看见了寡人弹琴的样子，还没有细品我的琴音，凭什么知道我琴弹得好呢？”邹忌说：“那大弦浑厚而且温和，象征国君；小弦清廉而且不乱，犹如相国；勾弦时用力，释放时舒展，象征政令；和谐而响亮，声音大小配合得好，曲折而不相干扰，象征四时。我就是凭这些知道您弹得好。”【33】齐威王说：“你很擅长谈论音乐。”邹忌说：“何止是谈论音乐，治理国家和安抚百姓的道理都在其中。”齐威王又勃然变色，不高兴地说：“若是论五音的调理，我确实不如你，若要论治理国家安抚百姓，又怎能与弹琴相提并论呢？”邹忌说：“大弦浑厚而且温和，是国君；小弦清廉而且不乱，是相国；勾

弦时用力，释放时舒展，是政令；和谐而响亮，声音的大小配合得好，曲折而不相干扰，是四时。反复演奏而且不乱，是由于国家治理得昌盛；琴音流畅而且贯通，是用来保全国家不致灭亡。所以说琴声协调就说明天下治理得好。治理国家和安抚百姓的道理，不也和调理五音的道理一样吗！”齐威王说：“很好。”

邹忌拜见齐威王三个月后就接受了相印。淳于髡看见他说：“您真善于说话啊！我有一个不太高明的想法，想在先生面前陈述。”邹忌说：“愿听您的教诲。”淳于髡说：“侍奉人君，在礼节上完美无缺，就会全面昌旺；在礼节上有缺失，就会全部灭亡。”邹忌说：“我谨受指教，会把您的话铭记在心。”淳于髡说：“猪油涂在棘木车轴上，是为了润滑；然而穿孔是方形的，即使涂了猪油也不能使它运转。”邹忌说：“谨听指教，我会与周围人搞好关系。”淳于髡说：“用胶粘旧的弓干，是为了黏合，然而缝隙是无法完全弥补的。”邹忌说：“谨听指教，我甘愿让自己顺从附属万民。”淳于髡说：“狐皮大衣虽然破了，但不能用黄狗皮来缝补。”邹忌说：“谨听指教，我会谨慎地选择君子，不要让小人混杂其间。”淳于髡说：“大车不校正，就不能担负平常的载重任务；琴瑟不调整，就不能发出谐和的五音。”邹忌说：“谨受指教，我要慎重地制订法律以督察奸吏。”淳于髡说完后，快步走出来，在门口遇到仆人，便说：“这个人，我告诉他五句隐语，他回答我就像回音应和声音，他不久必定受封赏。”邹忌在齐国居住一年，齐威王把下邳封给了他，称做成侯。

齐威王二十三年（应为威王元年，公元前 356 年），和赵王在平陆会见。二十四年（应为威王二年），和魏王在临菑郊外一起打猎。魏王问道：“大王也有宝物吗？”齐威王说：“没有。”魏王说：“像我这样的小国，还有十颗直径一寸、能照亮前后十二辆车的宝珠，怎么有万辆兵车的国家反而没有宝物呢？”齐威王说：“我所认为的宝贝和你的宝贝不一样。我有个叫檀子的大臣，派他守南

方的城，楚人不敢攻占南方的土地，泗水一带的十二诸侯都来朝拜。我有个叫肦子的大臣，派他守高唐，赵人就不敢到东边的河里来捕鱼。我有个叫黔夫的官吏，派他守徐州，燕人就会祭祀北门求福，赵人就会祭祀西门求福，迁徙追随他的有七千多家。我有个叫种首的大臣，派他防备盗贼，就出现道不拾遗的风气。这些人光耀千里，何止照耀十二辆车！”魏惠王很惭愧，不高兴地回去了。【34】

齐威王二十六年（应为威王四年），魏惠王包围了邯郸，赵向齐国求救。齐威王召集大臣们问道："救赵好还是不救赵好？"邹忌说："不如不救。"段干朋说："不救就是不讲道义，并且对我们也没有好处。"齐威王问："为什么？"回答说："魏国吞并邯郸，这对齐国有什么好处呢？如果去救赵，把军队驻扎在郊外，这样赵就不被攻击而魏的兵力也保存完好。所以不如向南攻打襄陵来使魏国疲惫，邯郸如果被魏攻克，我们正好可以乘魏兵疲惫之际来进军。"齐威王采纳了这个计策。

此后成侯邹忌与田忌不和，公孙阅对成侯邹忌说："您为什么不建议攻魏国，那样田忌必定做将军。如果战胜有功，那是您谋划正确的功劳；如果打败了，不是前线战死就是向后败退，那么他的性命就在您的手中了。"于是成侯建议齐威王攻打魏，派田忌向南攻打襄陵。十月，攻克邯郸，齐乘机发兵攻打魏，在桂陵大败魏军。于是齐国成了诸侯中最强的国家，威王自称为王，号令天下。

齐威王三十三年（应为威王十一年），杀了他的大夫牟辛。

齐威王三十五年（应为威王十三年），公孙阅又对邹忌说："您为什么不叫人拿上十两金子到市上去占卜，让他说：'我是田忌手下的人。我们三战三胜，声威震动天下。想要干一件大事，是吉利还是不吉利？'"等这个问卜的人出来，成侯就派人逮捕那个替他占卜的先生，到齐威王那里验证卜辞。田忌听到这一消息，就率领部下袭击临菑，搜捕成侯，结果没有取胜，只好逃出了齐国。

齐威王三十六年（应为威王十四年），齐威王去世，他的儿子辟彊继位，他就是齐宣王。[①]

齐宣王元年（应为威王十五年），秦国任用商鞅。周天子送给秦孝公霸主称号。

齐宣王二年（应为威王十六年），魏讨伐赵。赵和韩关系亲近，共同攻打魏。赵国战事不利，在南梁战败。齐宣王（应为威王）召回田忌，恢复他原来的职位。韩向齐求救。齐宣王（应为威王）召集大臣们谋划说："早救好还是晚救好？"邹忌说："不如不救。"田忌说："不救，韩国失败便归入魏国，不如早救它。"孙膑说："韩、魏两国的军队都还没有疲惫便去救韩，这样等于我们替韩承受魏军的攻击，到头来反而要听从韩国的指挥。况且魏国有攻破韩的决心，韩面临危机时，必然向东方的齐国求援。我们趁机与韩国结成亲密联盟，还可以晚承受魏国攻击所带来的困弊，这样就可以得到重大的利益和尊贵的名声。"齐宣王（应为威王）说："好。"于是暗地里告诉韩国的使臣齐国将救韩，把他打发走了。韩于是依仗齐的救援和魏交战，进行了五战都失败了，因而向东把国家命运托付给齐国。齐国趁势起兵，派田忌、田婴为将军，孙膑为军师，救援韩、赵而攻打魏，在马陵大败魏军，杀了魏将庞涓，俘虏了魏太子申。此后三晋各国的国君都通过田婴在博望朝见齐宣王，结盟后离去。

齐宣王七年（应为威王二十一年），齐宣王和魏王在平阿南会见。第二年，又在甄会见。魏惠王去世。次年，和魏襄王在徐州会见，诸侯相互承认为王。十年（应为威王

① 此处疑误，威王此时没有去世，宣王继位应当在二十三年之后。

二十四年），楚包围了齐的徐州。十一年（应为威王二十五年），和魏一起讨伐赵，赵挖开黄河淹灌齐、魏，两国撤军。十八年（应为威王三十二年），秦惠王称王。

齐宣王喜欢擅长文学游说的人，像邹衍、淳于髡、田骈[①]、接予[②]、慎到[③]、环渊这样的人共七十六位来齐国，都赏赐府第，任他们为上大夫，不管实际事物，只是自由议论。齐国稷下学宫的学士又多了起来，将近数百甚至上千人。

宣王十九年（应为威王三十三年），齐宣王去世，他的儿子齐湣王田地继位。[④]

齐湣王元年（应为威王三十四年），秦派张仪同诸侯的执政大臣在啮桑相会。三年（应为威王三十六年），把田婴封在薛地。四年（应为威王三十七年），从秦国迎娶王后。七年（应为宣王三年），和宋攻打魏，在观泽打败了魏。

齐湣王十二年（应为宣王八年），攻打魏。楚包围了雍氏，秦打败了楚将屈匄。苏代对陈轸说："我希望拜见您，能给您办一件完满的事，这件事对楚国和您都有利，办成了是福，办不成也是福。最近我站在门口，有客人讲了魏王对韩冯[⑤]、张仪说：'煮枣将要被攻克，但齐兵又来进犯，您二位来救我，就可以不被攻破，否则，我也无能为力，只好任人攻克。'这只不过是婉转的话。如果秦、韩的军队不向东救魏，十几天后，魏就会服从楚国，韩国也会跟着投靠楚国，到那时，

---

① 田骈：齐人，《汉书·艺文志》著录有《田子》二十五篇。

② 接予：齐人，一说是楚人。《汉书·艺文志》著录有《接子》三篇。

③ 慎到：赵人，《汉书·艺文志》著录有《慎子》四十二篇。

④ 此处疑误，此事应在二十三年之后。

⑤ 韩冯：即韩国的相国公孙侈。

秦国就会驱逐张仪，也归附楚国。这样您的事就会成功的。”

【35】陈轸说：“怎样让秦、韩不出兵向东救魏呢？”回答说：“韩冯救魏的言辞，必定不对韩王说‘韩冯要救魏’，一定会说：‘我将要同秦、韩的军队打退东面的齐、宋军队，我要集合三国的军队，趁着楚将屈匄的失败，向南割占楚国的土地，原来的地盘一定会全部夺回来。’张仪一定不对秦王说‘张仪为了救魏’，一定会说：‘我将用秦、韩的军队向东抗拒齐、

宋军队，我将集合三国的军队，趁屈匄的失败，向南割占楚国的土地，名义上是保存危亡的国家，实际上要得到韩国、周国的拥戴，这是称王的事业。’先生让楚王给韩国土地，让秦从中调解讲和，可对秦王说：‘我们楚国愿意给韩割让土地，然后秦王陈兵三川，韩国可以不用兵就得到楚国的土地。’韩冯向东进军的言辞如何对秦王讲呢？他会说：‘秦不出兵就得到三川，进攻楚、韩，使魏处于困迫境地，魏便不敢向东靠拢，这样就孤立了齐国。’张仪向东进军的话就会说：‘秦、韩想得到土地并且以陈兵相威胁，声震魏国，魏不想失掉齐、楚支援是为了找靠山。’魏离开秦、韩，又要争着讨好齐、楚，楚王想让魏侍奉自己又不给韩土地，先生让秦、韩不用兵就得到土地，您对这两国就有了一大恩惠。秦、韩的国君受到韩冯、张仪的欺骗而向东派兵迫使魏顺服，先生却稳操胜券来在秦、韩担任高位，这样对您有利而对张仪无利啊。”

齐湣王十三年（应为宣王九年），秦惠王去世。二十三年（应为宣王十九年），齐和秦在重丘打败楚军。二十四年（应为湣王元年，即公元前 300 年），秦让泾阳君到齐国做质子。二十五年（应为湣王二年），将泾阳君归还给秦。齐国的孟尝君薛文到秦国，马上当上了秦国的丞相。后来薛文又逃离了秦国。二十六年（应为湣王三年），齐同韩、魏一起攻打秦，到了函谷关驻军。二十八年（应为湣王五年），秦和韩在河外讲和、撤军。二十九年（应为湣王六年），赵杀了主父赵武灵王。齐国帮助赵国灭掉了中山国。

齐湣王三十六年（应为湣王十三年），齐湣王称东帝，秦昭王称西帝。苏代从燕国来到齐国，在章华东门受到召见。齐湣王说：“先生来得太好了，秦派魏冉送来帝号，您认为怎么样？”苏代回答说：“大王的提问太突然了，而祸患的到来总是缓慢和不明显的。希望大王接受下来，但却不要马上称帝。秦国称帝，如果天下称许它，那时大王再称帝，也不为迟。况且不去争称帝名，也没有什么坏处。秦国称帝后，如果天下都憎恶它，大王就不要称帝，以收取天下的人心，这是一大笔本钱。况且天下立两帝，大王认为天下会尊重齐国还是尊重秦国呢？”齐湣王说：“尊重秦国。”苏代说：“放弃帝号，天下是喜欢齐国还是喜欢秦国呢？”齐湣王说：“喜欢齐国，憎恶秦国。”苏代说：“两国订立盟约攻打赵国有利，还是独自攻打宋国的暴君有利？”湣王说：“独自攻打宋国的暴君有利。”苏代说：“称帝的盟约中秦、齐是均等的，然而和秦一起称帝，天下却只尊重秦国而轻视齐国，放弃帝号天下就爱齐国而恨秦国，攻打赵国又不如攻打桀宋有利，因此希望大王明智地放弃帝号来收取天下人心，舍弃与秦国盟约称帝的约定，不要与秦国争夺高低，然后大王乘机攻占宋国。一旦占有宋国，卫国的阳地就危险；占有济西，赵国的阿地[①]就危险；占有淮北，楚国的东部就危险；占有陶地、平陆，魏都的城门就不敢打开。放弃称帝而代之以讨伐宋国暴君，这会使国家地位提高，大王的名声更加尊贵，燕、楚因此会被迫服从，天下的国家也都不敢不听齐国的号令，这和商汤、周武王成就的事业一样。我们以敬重秦国为名，然后让天下憎恨它，这就是所谓用卑下的地位取得尊贵声望的

① 阿地：阿当作“河”，或以为是河东。

办法。希望大王三思。”于是齐国放弃帝号，又用王的称号，秦国也放弃了帝号。

齐湣王三十八年（应为湣王十五年），齐讨伐宋。秦昭王发怒说：“我喜欢宋国，和韩国的新城、卫国的阳晋一样。齐相韩聂和我是好朋友，他却攻打我所爱的地方，为什么？”苏代替齐国对秦王说：“韩聂攻打宋国，是为了大王您。齐国强大，以宋国来辅助，楚、魏一定害怕，害怕就必定要向西侍奉秦国，这样大王不费一兵一卒，轻而易举地割占了安邑，这就是韩聂所希望的啊。”秦王说：“我担心齐国难以捉摸。一会儿搞合纵，一会儿搞连横，这又怎么解释？”苏代回答说：“天下各国的政令齐国能知道吗？齐国攻下宋国，它知道侍奉秦国是需要用万辆兵车的力量来装备自己，不向西侍奉秦国，宋国的政治肯定不安宁。中原各国白发的游说之士都挖空心思离间齐、秦的盟交，车辙交错向西行驶的队伍中，没有一个人说齐国的好话；而向东行驶的队伍中，没有一个人说秦国的好话。这是为什么？因为他们都不想让齐、秦联合。怎么晋、楚如此聪明，而齐、秦却愚蠢起来了？晋、楚联合必定商议破坏齐、秦，齐、秦联合必定谋取晋、楚，请大王衡量这件事对谁有利。”秦王说：“好。”于是齐便攻打宋，宋王逃亡，死在魏国的温地。齐国向南夺取了楚国的淮北，向西侵入三晋，想要吞并周王室，称天子。泗水一带诸侯，邹、鲁等国的国君都向齐国称臣，其他诸侯十分恐惧。【36】

齐湣王三十九年（应为湣王十六年），秦来讨伐齐，攻克与齐相邻的九座城邑。

齐湣王四十年(应为湣王十七年)，燕、秦、楚、三晋合谋，各派精兵联合讨伐齐国，在济西打败齐国军队。齐国的军队瓦解退却。燕国大将乐毅于是进入临菑，把齐国宝藏掠取一空。齐湣王出逃，到了卫国。卫国国君让出王宫给齐王住，向齐王称臣并给他备办筵席。齐湣王不谦逊，卫国人侵扰他。齐湣王就离开卫国，跑到邹、鲁，依然骄横无礼，邹、鲁的国君不接待，只好又跑到莒县。楚国派淖（nào）齿领兵救援齐国，于是淖齿当了齐湣王的丞相。淖齿最终杀了齐湣王，和燕一起瓜分侵占齐的领土和抢到的珍宝。

齐湣王遭到杀害，他的儿子法章改名换姓当了莒县太史敫（jiǎo）的佣人。太史敫的女儿觉得法章相貌奇伟，认为他不是一般的人，便产生怜爱之心，常常偷偷地送给他衣食，还与法章私通了。淖齿离开莒县以后，莒县的人和齐国流亡的大臣会合，寻找湣王的儿子，想要拥立他。法章害怕他们杀害自己，很久以后才敢说出自己的身份。于是莒人共同拥立法章，他就是齐襄王。他们以保卫莒城的名义向齐国各地发出布告："齐王已经在莒城即位了。"

齐襄王继位之后，立太史敫的女儿为王后，她就是君王后，生有一子名建。太史敫说："女儿不通过媒人就自己嫁人，不像我的亲骨肉，她玷污了我们的家世。"终生不见君王后。君王后非常贤德，不因为太史敫不愿见她就不尽做女儿的礼节。

齐襄王在莒县即位的第五年，田单凭即墨的军队打败了燕军，从莒县迎回齐襄王，进入临菑。齐国原来的领土又完全归属了齐国。齐王封田单为安平君。

齐襄王十四年（公元前 270 年），秦攻打齐的刚、寿。十九年（公元前 265 年），齐襄王去世，他的儿子田建继位。

齐王建即位六年，秦攻打赵，齐、楚救援赵。秦国谋士说："齐、楚出兵救赵，他们关系亲密，我们就退兵；他们关系不好，我们就进攻。"赵国缺少粮食，向齐国借粮，齐国不答应。齐国谋士周子说："不如答应赵来击退秦兵。如果不答应赵国，那么秦兵就不会退却，这样秦国的计策得逞，而齐、楚就失策了。况且赵对于齐、楚来讲，是一道屏障，犹如牙齿外面有嘴唇一样，唇亡齿寒。如果赵国灭亡的话，不久祸患就要殃及齐、楚了。而且救赵，应当像捧着漏缸去浇烧干的锅一样急切。救赵国，这是高尚的道义；打退秦兵，一定大显威名。靠道义救助快灭亡的国家，显威名打退强大的秦兵，不重视道义和威名却致力于爱惜粮食，这样的决策对国家是不利的。”齐王不听从。于是，秦在长平打败四十多万赵军，接着包围了邯郸。

十六年(公元前249年),秦消灭了东周。齐国君王后去世。二十三年（公元前242年），秦设置了东郡。二十八年（公元前237年），齐王入秦朝拜秦王，秦王嬴政在咸阳设酒款待。三十五年（公元前230年），秦灭了韩。三十七年（公元前228年），秦又灭了赵。三十八年（公元前227年），燕国派荆轲刺杀秦王，秦王发觉，杀了荆轲。第二年，秦攻破燕国。燕王逃跑到辽东。次年，秦灭了魏，秦国军队驻扎在历下。四十二年（公元前223年），秦灭了楚。第二年，俘虏了代王嘉，杀燕王喜，灭了燕。

四十四年（公元前221年），秦军攻打齐。齐王听从丞相后胜的建议，带着军队投降秦国。秦俘虏了齐王建，把他迁到共城。齐国最终灭亡，变成秦国的一个郡。天下被秦国统一，秦王嬴政立号为皇帝。当初，君王后很贤德，与秦的往来十分谨慎，结交诸侯很守信用，齐国也处在东部海边，远离秦，秦日夜攻打三晋、燕、楚，五国在秦国的进攻中忙于自救，所以齐王建在位四十多年未经受战争。君王后去世，后胜做了齐国丞相，多次接受秦国的贿赂，派宾客入秦，秦国又给这些宾客送金钱，宾客回来后都反而为秦国充当间谍，劝齐王放弃合纵政策去朝拜秦国，不修整进攻作战的军备，不帮助五国抗击秦国，秦因此能灭掉五国。五国已经灭亡，秦国军队终于进入临菑，百姓没有敢反抗的。齐王建于是投降，被迁到共地。所以齐人怨恨齐王建不早和诸侯合纵攻打秦，而是听信奸臣、宾客的话而使国家灭亡，因而唱出歌谣："是松树还是柏树？齐王建被迁共地不是宾客的责任吗？"痛惜齐王建用人不审慎。

太史公说：孔子晚年喜欢《易》。《易》作为一种学问，深邃而又洞察久远，不是通达事理的人才谁能专注精力研究它啊！因而周太史为田敬仲完占卜，占到十代之后；仲完逃奔齐国，懿仲为他占卜也这样说。田乞和田常之所以接连冒犯两位国君，专揽齐国政权，不一定是事情发展的趋势造成的，倒像是遵循了占卜的预言。

知识拓展

必操胜券

释义：一定有胜利的把握。

出处：《史记·田敬仲完世家》：“秦韩之王劫于韩冯、张仪而东兵以徇服魏，公常执左券以责于秦韩，此其善于公而恶张子多资矣。”

史记卷四十七

孔子世家

扫描二维码
阅读本篇原文

孔子　鲁昭公　子路　鲁定公　子贡　鲁哀公

孔子生于鲁国昌平乡陬（zōu）邑。他的祖先是宋国人，名叫孔防叔，防叔生伯夏，伯夏生叔梁纥。叔梁纥跟颜氏的女子私通生下了孔子，他们在尼丘祈祷神灵后生了孔子。鲁襄公二十二年（公元前 551 年），孔子诞生。生下来头部像山丘一样，因此取名叫丘。字仲尼，姓孔。【37】

孔丘生下来，叔梁纥就去世了，葬在防山。防山在鲁国东部，因此孔子从小不知道父亲的墓地在哪里，他母亲也讳言此事。孔子小时候游戏玩耍时，常常摆设祭器，搬演礼仪。孔子母亲死后，装殓，停灵在五父衢的道旁，出于慎重没有埋葬。陬邑人輓父的母亲告诉孔子他父亲的墓地后，他才将母亲和父亲合葬在防山。

孔子腰间还系着守孝的麻带，正值季氏举行宴会款待士人，孔子和其他士人一同前往。阳虎阻拦说："季氏招待士人，没有请你。"孔子因此退出。

孔子十七岁时，鲁大夫孟釐子病重将死。告诫他的儿子懿子说："孔丘是圣人的后代，祖先在宋被灭。他的祖先弗父何[①]当初应享有宋国，却让位给弟弟厉公。到正考父[②]时辅助宋戴公、宋武公、宋宣公，三次受命升迁却越发恭敬，所

① 弗父何：宋襄公之子，孔父嘉的祖先，让君位给弟弟宋厉公。

② 正考父：孔父嘉之父，相传他校《诗经·商颂》。

以他在鼎上刻下铭文说：‘第一次受命时曲背，第二次受命时鞠躬，第三次受命时俯身。顺着墙根行走，也无人敢欺侮我。在这鼎里煮稠粥和稀粥，靠这个糊口度日。’他恭谨到如此程度。我听说圣人的后代，虽然不一定能身居高位，但必定有显达的。现在孔子年少喜好礼仪，难道他不是显达的人？我就要死了，你一定要以他为师。”等釐子死后，懿子和鲁国人南宫敬叔去孔子那儿学习礼仪。这一年，季武子去世，季平子代立。

孔子家境贫寒而且地位低下，成年后，曾经做过季氏管理粮仓的小官，计量公平精确；曾经做过主管畜牧的小官，牲口繁殖兴旺。孔子身长有九尺六寸，人们都称他为“长人”，认为他很奇特。

【38】

鲁国人南宫敬叔对鲁国国君说："请让我和孔子去周王室。"鲁国国君给他们一辆车，两匹马，一名童仆随从，到周王室询问礼仪，据说还拜见了老子。告辞时，老子送他们说："我听说富贵的人送给人财物，品德高尚的人送给人吉言。我不能成为富贵的人，在品德高尚的人中充数，送给您几句话，就是：'聪明洞察却遇到死亡的威胁，是因为他好议论别人的是非；博学多辨、才能广大的人容易给自己带来危险，是因为他好揭发别人的险恶用心；做子女的在父辈面前不要只是想到自己，做大臣的在君王面前不要总是抬高自己。'"孔子从周回到鲁，弟子稍稍增多了。【38】

这时，晋平公放荡不羁，六卿专权，向东攻打诸侯；楚灵王的军队很强大，也欺凌中原；齐国强大，又靠近鲁国。

鲁国弱小，依附楚国，晋国就发怒；依附晋国，楚国就来攻打；对齐国不防备，齐国的军队就侵犯鲁国。

鲁昭公二十年（公元前 522 年），孔子大约三十岁。齐景公和晏婴来到鲁国，景公问孔子说：“从前秦穆公国家很小，处在偏僻的地方，他为什么能称霸？”孔子回答说：“秦国虽然小，志向却很大；地处虽偏僻，施行政策却十分恰当。他亲自提拔用五张黑羊皮赎来的百里奚，授予他大夫爵位，把他从监狱中释放出来，和他谈了三天，就把政事交给他。用这种方式来追求霸主地位，就是称王天下也可以办到，他的称霸还是小的呢。”景公听了很高兴。

孔子三十五岁时，季平子和郈昭伯因为斗鸡的缘故得罪了鲁昭公，鲁昭公率军攻打季平子，季平子和孟氏、叔孙氏三家共同攻打鲁昭公，昭公的军队失败了，逃到齐国，齐国把昭侯安置在乾侯。此后不久，鲁国发生了叛乱。孔子到了齐国，做了高昭子的家臣，想因此打通关系见到景公。和齐国太师①谈论音乐，听到了《韶》乐，学习演奏，三个月不知道吃肉的味道。齐国人都称赞他。

齐景公向孔子询问如何处理政事，孔子说：“国君要像国君，臣下要像臣下，父亲要像父亲，儿子要像儿子，各依职分行事。”景公说：“好啊！真要是国君不像国君，大臣不像大臣，父亲不像父亲，儿子不像儿子，即使有粮食，我能够吃得到吗？”另一天，他又向孔子询问如何处理政事，孔子说：“处理政事在于节俭资财。”【39】景公高兴了，将要把尼谿一带的田地封给孔子。晏婴进谏说：“儒者都机

---

① 太师：周代太师亦指乐师，这里即指乐官。

謷善辩，他们的话不能作为法度；他们傲慢不恭，自以为是，不能让他们做臣下；他们重视丧事，竭尽哀思，破产厚葬，不能以此作为风俗；他们到处游说以求高官厚禄，不能让他们来治理国家。自以大圣大贤离世后，周王室衰弱了，礼崩乐坏已经很久了。现在孔子过分修饰容貌，使登堂、下堂、行走的礼节复杂化，让几代人也不能学完这些繁文缛节，一整年也学不完各项礼仪。您想用他来改变齐国习俗的话，这不是用来倡导百姓的。”以后景公有礼节地接见孔子，不再询问孔子礼制。有一天，景公留住孔子说：“用待季氏那样的待遇待你，我做不到。我给予您介于季孙、孟孙之间的待遇吧。”齐国大夫想加害孔子，孔子知道了。景公说：“我老了，不能再用你了。”于是孔子离开了齐国，回到鲁国。

孔子四十二岁时，鲁昭公死在了齐国的乾侯，鲁定公继位。定公继位五年，夏天，季平子去世，季桓子继承职位。季桓子凿井时得到了一个土缶，中间像羊，向孔子询问时谎称是狗。孔子说："据我所知，应该是羊。我听说，木石的怪兽是夔和魍魉，水中的怪物是龙和罔象，土中的怪物是坟羊。"【40】

吴讨伐越，毁坏了会稽城，得到了一辆车那么长的一节骨头。吴派使者问孔子："什么人的骨头最大？"孔子说："当年禹招来众神到会稽山，防风氏迟到，禹杀了他并且陈尸示众，他的一节骨头就装满了一车，这就是最大的骨头。"吴国的使者又问："谁是神？"孔子说："山川的神能造福天下，守卫山川、主管祭祀的诸侯就是神；主持祭祀土地神

【41】

和谷神就是公侯，他们都隶属于王者。”使者又问：“防风氏监守什么？”孔子说：“汪罔氏部落的君主主持监守封山、禺山的祭祀，是釐姓。虞、夏、商称作汪罔，在周代称长翟，现在称为大人。”使者又问：“人的身长有多少？”孔子说：“僬侥氏高三尺，是最矮的。最高的不过十尺，算是最高的了。”于是吴国使臣说：“了不起呀！圣人！”

季桓子的宠臣叫仲梁怀，和阳虎有仇怨。阳虎想要赶走仲梁怀，公山不狃阻止了他。这年秋天，仲梁怀更加骄横，阳虎把仲梁怀抓了起来。桓子很生气，阳虎就囚禁了桓子，桓子被迫和阳虎盟誓才得释放。阳虎从此更加轻视季氏。季氏也超过本分，凌驾于鲁君之上，以大夫的身份执掌了国政，从此鲁国从大夫以下都不守本分，脱离了正道。因此孔子不

再做官，隐退后一心研修整理《诗》《书》《礼》《乐》，弟子更加多了，远道而来，接受孔子传授学业。【41】

鲁定公八年(公元前502年)，公山不狃在季氏家不得志，依靠阳虎作乱，想要废掉季孙氏、叔孙氏、孟孙氏的嫡长子，另立和阳虎平时亲密的庶出儿子，于是逮捕了季桓子。桓子骗过他，得以逃脱。定公九年（公元前501年），阳虎叛乱失败，逃奔到齐。这时孔子五十岁。

公山不狃以费邑为基地反叛季氏，派人召请孔子。孔子探索治国之道已经很久了，却因无处施行抑郁不得志，没有人任用他，便说："周文王、武王起于丰、镐而称王天下，现在费虽小，或许也能做出一番大事！"孔子想应召前往，子路很不高兴，阻止孔子。孔子说："他们请我去，难道是装样子吗？如果能用我，我就可以在那里建立一个东方周国！"然而孔子也终于没有去。此后鲁定公任用孔子做中都的长官，一年后，各地都效法孔子的治理方法，孔子由中都长官上升为司空，由司空升为大司寇。

鲁定公十年（公元前500年）春天，鲁国和齐国和好。夏天，齐国大夫黎钼对齐景公说："鲁国任用孔丘，看情势，必定会危及齐国。"于是派使者告诉鲁国进行友好会晤，约定在夹谷相会。鲁定公将坐乘车前往友好会见。孔子代理丞相，陪同而行，说："我听说行文事必须有武力准备，行武事必须有文事准备。古代诸侯出国境，一定要配备官员随从。请您配备左右司马陪同。"定公说："好。"于是安排左右司马陪同而去。在夹谷会见齐侯，夹谷修建了会盟用的高台，台上备好席位，有三级土阶，双方以简单的会见礼节相见，

【42】

作揖相让登上高台。彼此馈赠献礼完毕，齐国有关官员快步上前说：“请让我们演奏四方部族的乐曲。”景公说：“好。”于是齐国乐队以旌旗为先导，拿着弓弩、矛、戟、剑、盾等兵器，喧闹地簇拥到台下。【42】孔子快步向前，登上台阶，还未登上最后一级台阶，就一挥衣袖说：“我们两国国君友好会晤，在这里演奏夷狄的音乐干什么？请下令有关官员处置！”齐国的有关官员叫乐队退下，他们不走，孔子就向左右看着晏子和景公。景公心里惭愧，挥手叫乐队退下。一会儿，齐国有关官员快步上前说：“请让我们演奏宫廷中的乐曲。”景公说：“好。”于是齐国的优伶、侏儒嬉笑着上前来。孔子又快步向前，登上台阶，未登上最后一级台阶就说：“小人戏弄诸侯，论罪当杀！请下令有关官员处置！”有关官员依法处置，优伶、侏儒被处死了。景公恐惧震动，知道道义上不如鲁国，回去后十分惊恐，告诉他的大臣们说："鲁国的大臣用君子的道理辅佐国君，可是你们却只用夷狄的道理教我，让我得罪了鲁国国君，怎么办呢？"有关官员上前回答说："君子有过错就用行动向人家道歉，小人有了过错就用巧言掩饰自己的错误。您如果很痛心，就用具体行动表达。"因此，齐景公便把以前侵占的鲁国的郓、汶阳、龟阴的土地归还鲁，以此向鲁国道歉。

鲁定公十三年（公元前497年）夏天，孔子对定公说："大臣不能收藏武器，大夫不能拥有超过三百丈的城墙。"派仲由做季氏家臣的长官，打算拆毁季孙氏、叔孙氏、孟孙氏三家封邑的城墙。于是叔孙氏首先拆毁了郈邑城墙，季氏将要拆毁费邑城墙，公山不狃和叔孙辄率领费邑人袭击鲁国都城。鲁定公和季孙、叔孙、孟孙三人就躲进了季氏宫室，登上武子台。费邑人攻打他们，没有攻克，但有的人已打到定公的旁边。孔子命令申句须、乐颀下台反击，费人败逃。鲁国人追击，在姑蔑打败了他们。公山不狃和叔孙辄逃奔到齐，于是拆毁了费邑。接着将要毁掉成邑，公敛处父[1]对孟叔氏说："拆毁成邑城墙，齐人一定会来到都城北门。况且成邑是孟孙氏的屏障，没有成邑也就没有孟孙氏。我不能毁坏它。"十二月，鲁定公包围了成邑，但没有攻克。

鲁定公十四年（公元前496年），孔子五十六岁，由大司寇被任命代理相国的职务，面有喜色。弟子说："听说君子遇到祸患不畏惧，遇到福禄不喜悦。"孔子说："有这样

① 公敛处父：孟孙氏家臣，成邑的长官。

【43】

的说法。不是也有‘乐在身居高位而礼贤下士’的说法吗？”于是孔子杀了扰乱鲁国国政的大夫少正卯。他参与管理国政三个月，卖猪、羊的人不敢哄抬物价；男女在路上分开行走，不捡去别人遗失在路上的物品；各地的旅客到了城里，不必向有关官员们求告，都能给应有的关照，让他们满意而归。【43】

齐国人知道后很害怕，说：“孔子治理国家，鲁国一定称霸，一旦称霸，我们的国土邻近他们，就会被首先吞并。何不送些土地给他们呢？”黎钼说：“请先尝试阻止它强大，不能阻止它称霸再送给他们土地，哪里会迟呢？”于是挑选齐国美女八十人，都穿上华丽的服装，随着《康乐》跳舞，挑选了毛色特别漂亮的马一百二十匹，一起送给鲁君。齐国把女子乐队、文马彩车陈列在鲁国城南的高门外。季桓子穿着便装再三去观看，想接受这些礼品，于是劝鲁君周游巡视，其实是整日前往那里观看，对国家政事很懈怠。子路说：“先生，可以走了！”孔子说：“鲁现在将要在郊外举行祭天的典礼，如果按照礼法分给大夫们祭肉，那我还可以留下来。”桓子最终接受了齐国的女子乐队，接连三天不理朝政；在郊外举行祭天典礼，又不给大夫们分送祭肉。孔子于是离开了鲁国，在屯邑住下。鲁国大夫师己赶来送行说：“先生是没有过错的。”孔子说：“我唱歌可以吗？”唱道：“那女人的一张嘴啊，可以把亲信和大臣赶走；宠爱妇人，可以让人国破身亡。悠闲啊悠闲，我只能这样打发岁月！”师己回来后，桓子说：“孔子又有什么话？”师己如实相告。桓子深深喟叹说：“先生怪罪我接受了一群女乐啊！”

孔子于是到了卫国，住在子路的妻兄颜浊邹家。卫灵公问孔子：“在鲁国时得到多少俸禄？”孔子回答说：“俸禄是六万斗小米。”卫灵公也给他六万斗小米。住了不久，有人在卫灵公面前谗毁孔子。卫灵公派公孙余假频繁出入孔子住所加以监视。孔子担心获罪，住了十个月，离开了卫国。

孔子将要去陈国，路过匡邑，颜刻驾车，他用鞭子指着城墙说：“以前我来这个地方，是从那个缺口进去的。”【44】匡邑的人听到此话，以为他是鲁国的阳虎。阳虎曾经劫掠匡邑人，匡邑人于是围困了孔子。孔子相貌很像阳虎，被拘留在匡邑五天。颜渊落在后面，孔子说：“我以为你死了。”颜渊说：“先生还健在，我怎么敢去死？”匡邑人围攻孔子越来越急，弟子们很恐惧。孔子说：“周文王死后，周的礼义不是体现在我身上吗？上天如果要毁灭这种礼义，不会让

【44】

我们这些后死的人知道这种礼义。上天如不想毁灭这种礼义，匡邑人能把我怎么样？”孔子派一个学生去给卫国的宁武子做家臣，然后才得以脱离围困。

孔子离开匡邑到了蒲乡。一个多月后，返回卫国，住在蘧（qú）伯玉家。卫灵公的夫人叫南子，派人对孔子说：“各国的君子屈尊来此，想和我们国君建立兄弟交情，一定要见夫人。夫人很愿意见您。”孔子辞谢了，又不得已就去见她。夫人在细葛布做的帷帐中等待。孔子进门，朝北面叩头行礼。夫人在帷帐里拜了两拜，佩戴的环珮玉器发出清脆的响声。【45】孔子回来说：“我开始不准备去见她，后来实在没办法才去与她见礼。”子路很不高兴。孔子发誓说：“假如我说的是假话，天一定厌弃我！天一定厌弃我！”住在卫一个

多月后，卫灵公和夫人同坐一辆车，宦官雍渠陪坐在右边，出宫后，让孔子坐在第二辆车上，招摇过市。孔子说："我没有见过爱好德行像爱好美色一样的人。"因此孔子以此为耻辱，离开卫国，经过曹国。这一年，鲁定公去世。

孔子离开曹去了宋，和弟子们在大树下演习礼仪。宋国司马桓魋（tuí）想杀孔子，派人砍掉大树，孔子离开了。弟子催促着说："可以快点走了。"孔子说："天赋予我圣德，桓魋能把我怎么样？"

孔子到郑国，和弟子走散了，孔子独自站在外城东门。郑国有人对子贡说："东门有个人，他的额头像尧，他的脖子像皋陶，他的肩膀像子产，但是从腰以下比禹差三寸，狼狈得像丧家狗。"子贡把这些话如实地告诉了孔子。孔子高兴地笑道："人的形貌状态，是无关紧要的。可是说像丧家狗，太对了！太对了！"

孔子于是到了陈，住在司城贞子家中。一年多后，吴王夫差讨伐陈，夺走了三座城邑。晋国的赵鞅攻打朝歌。楚包围了蔡，蔡迁移到吴地。吴在会稽打败了越王勾践。

一天，有一只鹰落在陈侯庭院中死了，一支楛木箭穿在身上，箭头是石制的，箭长一尺八寸。陈湣公派人问孔子。孔子说："这只鹰来自很远的地方，这是肃慎族[①]的箭。从前周武王战胜商朝以后，沟通了各方蛮夷部落，让他们分别用自己的地方特产进贡，令他们不要忘记自己的职责和义务。于是肃慎部落进贡楛木为杆、石头为箭头的箭，长一尺八寸。先王想彰显他的美德，把肃慎箭分给长女大姬，又把她许配给虞胡公，然后把他封在陈。周王室把珍宝玉器分给同姓，表达亲近亲族的大道；把边远地方的贡品分给异姓诸侯，使他们不忘服从王命。因此把肃慎族的箭分给了陈国。"陈侯派人到旧府库试探寻找，果然找到了。

孔子在陈住了三年，正碰上晋、楚争强，交替攻打陈，后来吴国侵犯陈，陈就经常遭到侵扰。孔子说："回去吧，回去吧！我们这群人中，有些弟子志向大而行事疏略，积极进取不改初衷。"于是孔子离开了陈。

路过蒲乡时，适逢公叔氏在蒲乡发动叛乱，蒲乡人拘留了孔子。弟子中有个叫公良孺的，自己带了五辆车追随孔子。他的为人厚道贤德，有勇力，对孔子说："我从前跟从先生在匡邑遇到困厄，现在又在此地受困，这是命啊！我和先生

---

① 肃慎族：女真族祖先。

一起两次遭难，宁愿搏斗而死。”【46】搏斗很激烈。蒲乡人很害怕，对孔子说：“如果你们答应不去卫，就让你们出去。”和他们结盟之后，让孔子从东门出去。孔子于是到了卫。子贡说：“盟约可以违背吗？”孔子说：“在武力威胁下订立的盟约，神是不会认可的。”

卫灵公听说孔子来了，很高兴，到郊外迎接。问孔子说：“蒲乡可以讨伐吗？”孔子回答说：“可以。”卫灵公说：“我的大夫认为不能。现在蒲乡是卫国防御晋、楚的屏障，用卫国的兵力去攻打，恐怕是不行的吧？”孔子说：“那儿的男子有誓死效忠卫国的决心，妇女有守卫自己家乡西河的志气，都不愿跟着叛乱。我们要讨伐的不过一小撮人。”卫灵公说：“太好了。”然而没有讨伐蒲乡。

卫灵公老了，懒得处理政务，也不任用孔子。孔子感叹说：“如果任用我，一年就可以见成效，三年就会很有成绩。”孔子离开了。

晋国的佛肸（bì xī）做中牟长官。赵简子攻打范氏、中行氏，讨伐中牟。佛肸叛乱，派人征召孔子。孔子想前往。子路说：“我从前听您说，‘那些亲自做坏事的人，君子是不去他那里的’。现在佛肸在中牟反叛，您却想去，这是为什么？”孔子说：“有这样的话。不是说过，坚硬的东西磨不薄，洁白的东西染不黑。我难道是匏瓜吗？怎么能只是挂着不能给人吃呢？”

有一次孔子正敲打石磬。有一个背着草筐的人从门口经过，说：“心有所思啊！敲击磬！听这硁硁的声音，没有人知道自己就算了吧！”

【46】

孔子向师襄子学弹琴，一连十天都没有学新的内容。师襄子说：“可以增学一些了。”孔子说：“我已经熟悉曲子了，还没有熟练掌握弹琴的技法。”过了一段时间，师襄子说：“你已经熟悉了弹琴的方法，可以多学一些内容了。”孔子说：“我还没有领悟到琴曲表达的志向。”又过了一段时间，师襄子说：“你已经领会到曲中的志向，可以增加新内容了。”孔子说：“我还没有理解乐曲所表现出的人物形象。”又过了一段时间，孔子肃穆深思，怡然自得，显出志向高远的神态，说：“我知道这首乐曲所赞颂的是什么样的人了，他肤色黯黑，身材魁伟，目光明亮，高瞻远瞩，又如君临四方，不是文王谁能作出此曲呢？”师襄子离开座席向孔子拜了两拜，说：“我的老师说这首曲子就是《文王操》。”

孔子既然不能得到卫的重用，将要向西拜见赵简子。到了黄河边听说窦鸣犊、舜华被赵简子所杀，站在河边感慨地说：“壮美呀黄河水，浩浩荡荡！我不能渡过黄河，是命运啊！”【47】子贡快步上前问道：“敢问先生，这是怎么说？”孔子说：“窦鸣犊和舜华，是晋国的贤臣，赵简子没有得志的时候，依靠这两个人然后才得以掌握政权；等到他得志的时候，竟然杀了他们。我听说，剖腹取胎，杀害幼兽，麒麟不会来到郊外；放干池水捕鱼，蛟龙就不来下雨；打翻鸟巢毁坏鸟蛋，凤凰就不再往这里飞翔。为什么呢？君子忌讳伤害他的同类，鸟兽对于不义的行为尚且知道躲避，更何况我呢？”于是返回陬乡休养，创作了《陬操》来哀悼两位死去的贤人。又回到卫，住在蘧伯玉家里。

一天，卫灵公向孔子询问用兵布阵的事情。孔子说：“祭

【47】

祀的事情我曾学过，军旅的事情没有学过。”第二天，卫灵公和孔子谈话，看见了飞雁，抬起头来仰望，神色心思不在孔子身上。孔子于是离开卫国，又去了陈国。

夏天，卫灵公去世，立他的孙子辄为君，他就是卫出公。六月，赵鞅把卫灵公的太子蒯聩送回戚邑。阳虎让太子身穿丧服，又让八个人披麻戴孝，伪装成从卫国来迎接太子的人，哭着进入卫国，于是住在那里。冬天，蔡迁都到州来。这一年是鲁哀公三年（公元前 492 年），孔子六十岁。齐国帮助卫国攻戚邑，是因为太子蒯聩住在这里的缘故。

夏天，鲁桓公、鲁釐公的庙失火，南宫叔敬救火。孔子在陈国，听说此事，说：“火灾一定发生在桓公、釐公的庙吧？”消息传来果然如此。

秋天，季桓子病重，坐在辇车上巡视鲁城，感叹说：“过去这个国家几乎兴盛起来，因为我得罪了孔子，所以没有兴盛。”回过头对他的儿子季康子说：“我就要死了，你一定会任鲁国的相国；做了鲁国的相国，一定要召回孔子。”过了几天，桓子去世了，康子代替继承了他的职位。埋葬桓子以后，想召来孔子。公之鱼说：“从前我们的先君任用他不能善终，最终被诸侯耻笑。现在又任用他，如果不能善终，就会再次遭到诸侯的耻笑。”季康子说：“那么征召谁可以呢？”公之鱼说：“一定要征召他的弟子冉求。”于是派人征召冉求。冉求将要出行，孔子说：“鲁国征召你，不是小用你，将要重用你。”这一天，孔子说：“回去吧！回去吧！我这一帮学生志向高远而行动疏阔，富于文采，我不知怎样

指导他们。”子贡知道孔子想回鲁国，送冉求时，就叮嘱他说：“你如果被重用，就把孔子召回去。”【48】

冉求离开后第二年，孔子从陈迁到蔡。蔡昭公将要到吴国去，吴王召他前往。此前，昭公欺瞒大臣把蔡都迁徙到州来，这次将要前往，大臣们担心国都又要迁徙，公孙翩就射死了昭公。楚来侵犯蔡。秋天，齐景公去世。

第二年，孔子从蔡到楚国的叶。叶公向孔子询问如何治理国家，孔子说：“治理国家在于招来远方的贤人，使近处的人归服自己。”又一天，叶公向子路探问孔子的情况，子路不回答。孔子听说后，说：“仲由，你为什么不回答他说：‘他为人，学习大道不觉疲倦，教诲别人不厌烦，发愤忘记吃饭，欢乐忘记忧愁，不知年老将要来到。’”

离开叶，又返回蔡。碰到长沮、桀溺并肩耕地，孔子认为他们是隐士，让子路去向他们打听渡口在那里。长沮说：“那个驾车的人是谁？”子路说：“是孔丘。”长沮说：“是鲁国的孔丘吗？”子路说：“是。”长沮说：“他知道渡口在哪里。”桀溺说：“你是谁？”子路说：“我是仲由。”桀溺又说：“你是孔丘的弟子吗？”子路说：“是的。”桀溺说：“天下都一样动荡，谁能改变这种状况呢？与其跟从躲避暴君的人，哪里比得上跟从躲避乱世的人呢！”说完继续干活。子路把这些话告诉孔子，孔子怅然若失地说：“我们是不能像鸟兽一样生活的，天下如果有正道，我也就不用想着改变了。”

一天，子路走在路上，遇到了一个背着草筐的老人，就问他：“您看见我的老师了吗？”老人说：“有四肢不劳动，

五谷都不能辨认，算是什么老师？”说着拿起他的工具锄草。子路把这事告诉了孔子，孔子说：“是个隐士。”子路又回去看时，老人已经走了。【49】

孔子到蔡的第三年，吴讨伐陈。楚前去援救陈。在城父驻扎军队。楚国听说孔子在陈和蔡之间，就派人问候孔子。孔子将要前往答谢，陈、蔡的大夫谋划说：“孔子是个贤德的人，他所指责讽刺的事情都切中了诸侯的弊病。现在长期居留在陈、蔡之间，大夫们所施行的政策都不是孔子的主张。现在楚国是个大国，来问候孔子。孔子被楚任用的话，陈和蔡当权的大夫处境就危险了。”于是，陈和蔡一起发兵在野外围困了孔子。孔子走不了，也没了粮食。跟从的弟子都病倒了，没有一个人能起来。孔子还是不停地讲诗书、诵文章、

弹琴、唱歌，不减平常。子路生气，见到孔子说："君子也有走投无路的时候吗？"孔子说："君子穷困时更能够坚守节操，小人穷困就什么事都做得出。"【50】

子贡也不高兴了。孔子说："赐，你认为我是博学强记的人吗？"子贡说："对。不是吗？"孔子说："不是的，我只不过是融会贯通。"

孔子知道弟子们都怀有愤恨之情，于是召见子路问道："《诗》中说：'不是犀牛不是老虎，它却徘徊在旷野。'我们的主张不对吗？我们为何被困在这里？"子路说："想必是我们还没有做到'仁'吧？所以人们不信任我们。也许是我们的智慧还不够吧！所以我们的'仁'不能流传于世。"孔子说："竟有这样的事！仲由，假使仁德的人一定能得到信任，怎么会有伯夷、叔齐？假使智慧的人一定能够处处通行，哪里会有王子比干的结局？”

子路出来后，子贡进去见孔子。孔子说：“赐，《诗》中说：‘不是犀牛不是老虎，它却徘徊在旷野。’我们的主张不对吗？我们为什么被困在这里？”子贡说：“先生的大道广大无边，所以天下没有人能容得下先生。先生何不稍微降低一下自己的政治主张呢？”孔子说：“赐，一个好的农民会耕种却不一定能有好收成，一个好工匠虽然会制作精巧的东西却不一定能使人都称心如意。君子能够修道，以纲纪治理国家，统筹管理国事，但不一定能被人所容。现在你不修你的正道却追求被人所容。赐，你的志向不远大啊！”

子贡出来后，颜回进去见孔子。孔子说：“回，《诗》中说：‘不是犀牛不是老虎，它却徘徊在旷野。’我们的主张不对吗？我们为什么被困在这里？”颜回说：“先生的大道广大无边，所以天下没有人能够容得下先生。尽管如此，先生还是要推行自己的主张。不被容纳有什么好担忧的，不被容纳才能体现出君子的本色！如果我们的大道不能修成，那是我们的耻辱。如果大道已修成而不被采用，这是当权者的耻辱了。不被容纳有什么可担忧的，不被容纳才现出君子的本色！”孔子欣喜地笑着说：“是这样啊！颜家的孩子！假使你成了富翁，我给你管理财务。”

孔子于是派子贡到楚国。楚昭王调动军队来迎接孔子，孔子师徒才得以免于祸患。

楚昭王将要把登记有人口的七百里地封赏给孔子。楚国令尹子西说：“君王出使诸侯的使者有比得上子贡的吗？”

昭王说："没有。"子西说："君王的相国有比得上颜回的吗？"昭王说："没有。"子西说："君王的将军有比得上子路的吗？"昭王说："没有。"子西说："君王的官吏有比得上宰予的吗？"昭王说："没有。"子西说："楚国的祖先受封于周，封爵为子男，封地五十里。现在孔子讲述三王五帝的治国方法，明了周公、召公辅佐周天子的事业，君王如果任用他，那么楚国怎能保有世代相传的方圆数千里的土地呢？文王在丰，武王在镐，统治百里之地的君主最终称王天下。现在让孔子占有七百里土地，有贤能弟子作为辅佐，这不是楚国的好事。"楚昭王就作罢了。这年秋天，楚昭王在城父去世。

楚国的狂人接舆唱着歌从孔子身边走过，唱道："凤凰啊凤凰，为什么德行会这样衰落！过去的不能劝止，未来的可以防止！算了，算了，现在当政的人危险啊！"孔子下车，想和他说话。接舆快步走开，孔子没能和他说话。

于是孔子从楚国返回卫国。这一年，孔子六十三岁，正是鲁哀公六年（公元前 489 年）。

第二年，吴国和鲁国在缯会盟，吴向鲁征用一百套祭祀用的猪、羊。吴太宰伯嚭召见季康子。季康子派子贡前往，然后得以解脱。

孔子说："鲁国、卫国的政治，如同兄弟一般。"当时，卫君辄的父亲蒯聩没能被立为国君，流落在外，各诸侯国多次指责此事。而孔子的弟子中有很多人在卫国做官，卫国国君想任用孔子参政。子路说："卫君如果请先生治理国事，先生将首先做什么？"孔子说："一定要先正名分！"子路说："竟有这样的事，先生真迂腐！怎么正名呢？"孔子说：

【51】

“这样说不合礼法，仲由！名不正则言不顺，言不顺则事不成，事情不成功就不能兴礼乐，不能兴礼乐刑罚就不得运用，刑罚不得运用百姓就不知所措。君子行事必须符合名分，说话必须切实可行。君子对于自己说的话，应该毫不马虎。”【51】

第二年，冉有为季氏率领军队，和齐在郎亭交战，打败了齐国军队。季康子说：“您在军事方面的才能，是学到的，还是天生的呢？”冉有说：“从孔子那儿学到的。”季康子说：“孔子是什么人？”冉有说：“孔子办事符合名分，不论是拿到老百姓那里，还是面对鬼神，都是没有遗憾的。我照这样的道理去做，即使得到两万五千户的封赏，先生也不为利所动。”【52】季康子说：“我想召见他，可以吗？”冉有说：“想召见他，就不要把他当作小人物招待，这样就可以了。”卫国的孔文子将要攻打太叔，向孔子询问计策。

孔子推辞说不知道，退朝后吩咐备车离开，说道：“鸟可以选择树木栖身，树木怎么能选择鸟呢？”孔文子坚决劝阻。正碰上季康子派来公华、公宾、公林，带着礼物迎接孔子，孔子便回到鲁国。

离开鲁国共十四年，孔子终于又回到了鲁国。

鲁哀公问政事，孔子说：“治理国家在于挑选大臣。”季康子问政事，孔子说：“推举正直的人，废黜歪邪的人，那么歪邪的人就会变得正直。”季康子担心盗贼，孔子说：“如果您没有贪欲，即使奖赏他，他也不会去偷的。”然而鲁国终究不能重用孔子，孔子也不想做官了。

孔子的时候，周王室力量衰微，礼乐制度废弃了，《诗》《书》残缺。孔子追溯考查了夏、商、周三代的制度，编写了《书传》，上起尧、舜的时候，下至秦穆公，按照顺序编排。他说："夏朝的礼制我能说出来，但杞国的文献资料不足以为证。殷朝的制度我能说出来，但宋国的文献资料不足以为证。文献充足的话，我就能有更充分的证据证实这些制度了。"考察了商、夏制度的增删情况后，孔子说："以后再经过百世也可以知道，大致就是一个讲文采，一个讲质朴。周借鉴夏、商两代的制度，多么丰富多彩呀！我赞成周的制度。"所以《书传》《礼记》都出自孔子。

孔子告诉鲁国的太师："乐理是可以通晓的。开始演奏时，要协调五音，弹开来要和谐、清晰，连续不断，这样一部曲子才算完成。"孔子还说："我从卫返回鲁国，然后对音乐进行校正，《雅》和《颂》各自有了相应的作用。"

古代的《诗》有三千多篇，到了孔子，删除了其中重复的，选取可以用于礼乐教化的，上采契、后稷的史迹，中间描述殷、周的兴盛，也写到周幽王、周厉王时制度的破坏，编排开始是叙述男女爱情的诗篇。所以说："《关雎》是《风》的开始，《鹿鸣》是《小雅》的开始，《文王》是《大雅》的开始，《清庙》是《颂》的开始。"三百零五篇诗，孔子都配乐歌诵，以求和《韶》《武》《雅》《颂》乐舞的音律和谐。礼乐制度从此能够引述，使它具备了王道，最后完成了"六经"的修订。

孔子晚年喜欢读《易》，并为《彖》《系》《象》《说卦》《文言》[①]作序言。孔子反复读《易》，以至于编连简

---

① 《彖》《系》《象》《说卦》《文言》：相传孔子为《周易》作的《十翼》的篇名，它们是《上彖》《下彖》《上系》《下系》《上象》《下象》《文言》《序卦》《说卦》《杂卦》。

册的牛皮绳多次磨断。他说："再给我几年，像这样的话，我对《易》的文辞与义理就通达了。"

孔子用诗、书、礼、乐为内容教育弟子，弟子大约有三千多人，通晓礼、乐、射、御、数、书"六艺"的有七十二人。像颜浊邹这样稍稍受过教诲，但不算弟子的人有更多。

孔子从四方面进行教育：即文学、德行、忠诚、信用。杜绝四种情况：不臆测、不武断、不固执己见、不自以为是。所应谨慎的是：斋戒、战争、疾病。孔子很少讲利益、天命、仁德。教弟子时，不到弟子百思不得其解时不去启发他，如果弟子不能举一反三，孔子就不再重复讲了。

他在乡里，谦恭谨慎就像不善言谈的人。他在宗庙朝廷，却很健谈，也很谨慎。上朝时，和上大夫们说话，态度不卑不亢；和下大夫说话时，也很和蔼安详。

孔子进入国君的宫门时，很恭敬、谨慎；快步向前，姿态也很恭敬。国君召他让他接待宾客，就郑重其事地对待。国君召见他，不等备好车马就先行了。【53】

鱼臭了、肉腐败了、切割不方正，就不吃。席位没摆正，就不坐。在服丧的人旁边吃饭，从不吃饱。

这一天哭了，就不再唱歌。见到穿丧服的人和盲人，即使是儿童也会变了脸色表示同情。

他说："三人同行，其中一定能找到我的老师。"还说："不修养品德，不讲习学问，听到正确的道理不能转变，不好的行为却不能改正，这是我所忧患的事情。"假如别人唱歌，非常好听，就让他重复一遍，然后跟着唱。

【53】

孔子不讲：怪异、暴力、叛乱、鬼神。

子贡说："我听过先生讲对很多问题的看法，但是关于天道和人性、天命所阐发的微妙道理，我没有听过。"颜渊感叹说："越是仰慕越觉得高不可及，越钻研越觉得坚实深厚，不可穷尽。看上去恍惚在前面，忽然间又在后面了。先生循循善诱，使我获得丰富的文采，用礼制约束我，我欲罢不能。竭尽了我的才力，似乎有所收获，可是先生的学问仍是超凡绝俗。即使想跟从他追上他，但不能达到老师指引的境界。"达巷的人说："伟大呀！孔子！博学多才却不只在某一方面享有名望。"孔子听到这些话说："我专执什么呢？专执驾车吗？专执射箭吗？我专执驾车吧。"弟子子牢说："先生说：'我不被任用，才学了这么多技艺。'"

鲁哀公十四年（公元前481年）春天，在大野狩猎，叔孙氏驾车的人钼商猎获了一头野兽，认为是不祥之兆。孔子看到后，说："这是麒麟。"便拿回来了。说："黄河不再见到龙马负八卦图出现，洛水不再见神龟负洛书出现，我快要死了！"颜渊死了，孔子说："这是天要我去死啊！"他到了向西狩猎看见麒麟，就说："我的理想到尽头了！"感叹地说："没有人了解我啊！"子贡说："为什么说没人了解您呢？"孔子说："不怨恨上天，也不归咎于别人，我下学人事，上达天命，了解我的只有上天啊！"

孔子说："不降低自己的志向，不侮辱自己的人格，伯夷、叔齐就是这样的人啊！"又说："柳下惠、少连就降低了自己的志向，侮辱了自己的人格。"又说："虞仲、夷逸隐居起来，放肆直言，行为合乎清白，乱世中自暴自弃很合乎权变。""我就不同于这些人，没有什么绝对可以，没有什么绝对不可以的。"

孔子说："不行啊不行，君子最担忧死后名声不被后世所称颂。我的理想行不通了，我凭什么留名后世呢？"于是根据鲁国的史料写了《春秋》一书，上起鲁隐公元年（公元前722年），下讫鲁哀公十四年（公元前481年），共记载了十二个国君的历史。【54】孔子写《春秋》是根据鲁国史料，以周王室为宗主，还追溯了商朝历史，承继夏、商、周三代法统，文辞简约而意旨广博。吴、楚的国君自称为"王"，但《春秋》贬称他们为"子"；践土的会盟实际是晋侯召见周天子，但《春秋》避讳说"天王在河阳狩猎"。举出这类事件以矫正当时不符合名分的行为。这种贬斥责备的大义，

【54】

后来被有的施行王道的人推举施行开来。《春秋》的义旨通行，那么天下的乱臣贼子害怕了。

孔子在任时处理诉讼案件，文辞往往可以跟别人商量，不独断。至于写作《春秋》，却按自己的意图，该写的写，该删的删，即使是子夏这样的弟子也不能增删一个词。弟子们听孔子讲授《春秋》时，孔子说："后代的人因为《春秋》知道我，但批评我也得根据《春秋》。"

第二年，子路死在卫。孔子病重，子贡前来探望。孔子正拄着拐杖在门前闲步，说："赐，你来得为什么这么晚？"孔子因而叹息，歌唱道："泰山毁坏了！梁柱折断了！哲人就要凋谢了！"于是掉下眼泪。对子贡说："天下没有正道已经很久了，没有人能信仰我的主张。夏朝人死了棺木停放在东厢台阶，周朝人死了棺木停放在西厢台阶，商朝人死了棺木停放在厅堂的两柱之间。昨天晚上我梦见自己坐在两柱之间受人祭奠，我的始祖是商人。”过了七天孔子去世了。

孔子终年七十三岁，在鲁哀公十六年（公元前 479 年）四月己丑日去世。

鲁哀公写了一篇祭文祭奠他说：“上天不仁啊，不肯留下这位老人，抛下余一人在位，孤零零地让我感到痛苦。呜呼哀哉！尼父，我不再自以为是了！”子贡说：“国君大概不在鲁国去世！先生说过：‘失去礼节，秩序就要昏乱，失去名分就要产生过失；失去志向就会迷惑，失去礼法就会出现过错。’先生生前不能用他，死后却来吊唁他，这不合礼法，您自称‘余一人’，不合名分啊。”

孔子葬在鲁国城北的泗水边，弟子们都服丧三年。三年心丧[①]完毕，互相告别而去，于是痛哭一场，每个人又各自尽了哀思，有的人又留下来守墓。【55】只有子贡在坟旁盖了一间小屋看守，一共过了六年，才离去。孔子的弟子和其他鲁国人前往靠近坟地居住的有一百多家，于是命名为“孔里”。鲁国世代相传一年四季祭祀孔子坟墓。儒生们也在这天都来在孔子坟地演习乡饮酒礼、大射礼。孔子的墓地有一顷大。孔子故居堂屋，弟子们的内室，后来改成圣庙，收藏孔子的衣冠、琴、车、书籍，直到汉代二百多年从未断绝。汉高祖经过鲁地，用太牢礼[②]祭祀孔子。诸侯、卿大夫、相国来上任，常常先去拜谒孔子墓，然后才处理政务。

---

① 心丧：古代老师死了，弟子不穿丧服来服丧，只在心中哀悼，叫服心丧。

② 太牢礼：古代帝王举行祭礼，祭品中猪、牛、羊全备，就是太牢礼。

孔子生了孔鲤，字伯鱼。伯鱼五十岁时，先于孔子而死。

伯鱼生孔伋，字子思，享年六十二岁。曾经在宋国受困。子思作了《中庸》。

子思生了孔白，字子上，享年四十七岁。子上生孔求，字子家，享年四十五岁。子家生孔箕，字子京，享年四十六岁。子京生孔穿，字子高，享年五十一岁。子高生子慎，享年五十七岁，曾做过魏相。

子慎生孔鲋，享年五十七岁，是陈胜的博士，死在陈县下。

孔鲋的弟弟子襄，享年五十七岁。曾经是汉惠帝的博士，后迁到长沙做太守。身长九尺六寸。

子襄生孔忠，享年五十七岁。孔忠生孔武，孔武生了孔延年和孔安国。孔安国是当今皇帝的博士，官至临淮太守，早死。孔安国生卬，孔卬生驩。

太史公说：《诗经》中有这样的话："像高山一样令人敬仰，像大路一样让人遵循。"我虽然不能达到那境界，可心里向往它。我读孔子的著作，可以想到他的为人。我到过鲁地，参观了孔子的庙堂、车辆、衣服、礼器，目睹了儒生们在他家按时演习礼仪的情景，我满怀敬意，依依不舍。历代的君王和贤达的人很多了，他们当权时十分荣耀，一去世就完了。孔子是普通百姓，名声流传了十几代，学者都奉他为宗师。从天子王侯以至整个中国，谈"六艺"的人都以孔子的是非为标准，可以说孔子是至高无上的圣人了。

知识拓展

招摇过市

释义：指在公开场合大摇大摆显示声势，引人注意。

出处：《史记·孔子世家》：“居卫月余，灵公与夫人同车，宦者雍渠参乘，出，使孔子为次乘，招摇市过之。”

韦编三绝

释义：编连竹简的皮绳断了三次。比喻读书勤奋。

出处：《史记·孔子世家》：“读《易》，韦编三绝。”

不能赞一辞

释义：提不出一点意见。形容文章非常完美。

出处：《史记·孔子世家》：“至于为《春秋》，笔则笔，削则削，子夏之徒不能赞一辞。”

春秋笔法

释义：相传孔子修《春秋》，一字含褒贬。后来称文章用笔曲折而意含褒贬的写作手法为春秋笔法。

出处：《史记·孔子世家》：“孔子在位听讼，文辞有可与人共者，弗独有也。至于为《春秋》，笔则笔，削则削，子夏之徒不能赞一词。”

知识拓展

心向往之

释义：对某个人或事物心里很向往。

出处：《史记·孔子世家》："《诗》有之：'高山仰止，景行行止。'虽不能至，然心乡往之。"

丧家之犬

释义：意思是无家可归的狗。比喻无处投奔，到处乱窜的人。

出处：《史记·孔子世家》："东门有人，其颡似尧，其项类皋陶，其肩类子产，然自要以下不及禹三寸，累累若丧家之狗。"

史记卷四十八

陈涉世家

扫描二维码
阅读本篇原文

陈胜　吴广　葛婴　周市　田臧　章邯

陈胜是阳城人，字涉。吴广是阳夏人，字叔。陈胜小时候，曾经和别人一起被雇佣来耕种田地，一次停止耕作走到田埂上，惆怅怨恨了好久，说："假如富贵了，不要彼此忘记。"一起受雇佣的人都笑着回答说："你是被人雇来种地的，怎么会富贵呢？"陈胜叹息地说："哎，燕子和麻雀哪里知道大雁与天鹅的志向啊！"【56】

秦二世元年七月，征发百姓罚去戍守渔阳，九百多人驻扎在大泽乡。陈胜、吴广都被编入了戍边队伍中，做了屯长[①]。正碰上天下大雨，道路不能通行，估计已经误了期限。延误期限，按照法律都要处死。陈胜、吴广就谋划说："现在逃跑也是死，发动起义也是死，同样是死，为国事而死好吗？"陈胜说："天下苦于秦的暴政很久了。我听说秦二世是小儿子，不应当继位，应当继位的是公子扶苏。扶苏因为屡次劝谏的缘故，皇上把他派到外边带兵。【57】现在有人听说扶苏并没有罪，而秦二世杀了他。百姓大多听说他很贤明，不知道他已经死了。项燕是楚国的将领，多次立有战功，爱护士兵，楚国人都很爱戴他。有人以为他已经死了，有人以为他逃亡在外。现在如果我们这些人自称是公子扶苏和项燕的队伍，为天下倡导起义，应该会有很多人响应。"吴广也认

① 屯长：秦代戍边队伍中行进时临时所设的领队之类的小头目。

【56】

【57】

为可行。

于是就去占卜此事。占卜的人知道他们的意图，说：“您的事都能成功，会有大功业。但你们要去占卜问问鬼神啊！”陈胜、吴广很高兴，考虑了问鬼神的事，说：“这是教我们先借鬼神的名义在众人那里取得威信。”于是用朱砂在帛上写了“陈胜王”三个字，放在别人捕来的鱼腹中。士兵买来此鱼煮熟了吃，发现了鱼腹中的书，本来已经感到奇怪了。又暗中命令吴广去驻地旁边树丛中的神祠，晚上点起篝火，假装狐狸的叫声喊“大楚兴起，陈胜为王”。士兵晚上都很害怕。第二天，士兵中到处谈论着，都指点注视着陈胜。【58】

吴广平素爱护别人，士兵很多都喜欢听他调用。押送他们的将尉[①]喝醉了，吴广故意多次说想要逃跑，激怒将尉，让他侮辱自己，以激起众人的愤怒。将尉果然用荆条打吴广，将尉拔剑出鞘，吴广奋起，夺过剑杀了将尉。陈胜帮助他，一同杀了两个将尉。召来号令那些戍边的人说：“你们都碰到了暴雨，大家都已经耽误了规定期限，误期依法要被杀头。即使不被杀头，戍边死去的人一定也有十分之六、七。况且壮士不死也就罢了，死就要做出留名后世的壮举，王侯将相难道天生是贵种吗！”众人同说：“我们恭敬地听从您的命令。”【59】于是就假称是公子扶苏和项燕，顺从百姓的希望。起义的人都袒露着右胳膊，号称“大楚”，筑了土坛盟誓，用将尉的头祭祀。陈胜自立为将军，吴广做都尉。先攻打大泽乡，攻取后又攻打蕲县。攻下蕲县后，就命令符离人葛婴带领军队攻取蕲县以东的地方。攻打铚、酂、苦、柘、谯，

① 将尉：秦的县尉。大县两县尉，县尉带领戍卒，故称将尉。

【58】

都攻克了。沿途招收人马。等到了陈地时，已有战车六七百辆，战马千余匹，士兵数万人。攻打陈县，陈的郡守、县令不在，只有守丞在谯门[①]中抵抗。失败了，守丞死了，于是进占了陈地。几天后，下令召见三老、乡绅等都来会合，计议大事。三老、乡绅都说："将军亲自身披坚硬的铠甲，手执锐利的兵器，讨伐无道的昏君，诛灭暴虐的秦朝，又建立了楚国的政权，论功劳该做王。"陈胜就被拥立为王，国号"张楚"。【60】

这时，那些苦于秦官吏暴虐的郡县百姓，都杀掉了他们的长官来响应陈胜。于是任命吴广代行王事，督促各将领向西攻打荥阳。命令陈人武臣、张耳、陈馀攻取赵地，命令汝阴人邓宗攻取九江郡。在当时，楚地起义军中数千人一伙的，不可胜数。

葛婴到了东城县，自己立襄彊为楚王。葛婴后来听说陈胜自立为王，就杀了襄彊，返回来向陈王报告。到了陈，陈王杀了葛婴。陈王命令魏人周市向北攻取魏地。吴广围攻荥阳，秦的李由做三川郡守，驻守荥阳，吴广没能攻克。陈王召集国中的豪杰之士和他们计议，任用上蔡县人房君蔡赐为上柱国。

周文是陈地的贤人，曾经是项燕军中观天象卜筮的人，侍奉过春申君，自称熟悉军事，陈王授予他将军的印玺，带兵向西攻打秦。路途中招收人马到了函谷关时，战车有一千多辆，士兵数十万。到了戏，驻扎在那里。秦朝命令少府章邯赦免在骊山服役的人和奴婢们的儿子，全都派去攻打张楚的大军，打败了张楚军。周文失败后，跑出函谷关，驻扎在

---

① 谯门：古代城门上有瞭望的高楼，称为谯楼，谯楼下的门叫谯门。

【59】

曹阳两三个月。章邯追击打败了他，就又逃跑，驻扎在渑池十多天。章邯再次攻打他，大败张楚军。周文刎颈自杀，军队失去了战斗力。

武臣到了邯郸，自立为赵王，陈馀做大将军，张耳、召骚做左右丞相。陈王很生气，逮捕了武臣等人的家眷，想要杀他们。上柱国蔡赐劝谏说："秦朝还没有灭亡就杀武臣等人的家属，这就等于又增加了一个秦一样的敌人。不如趁势封他为王。"陈王就派使者祝贺赵王得封，把赵王武臣等人的家属软禁在宫中，又封张耳的儿子张敖做成都君，催促赵王赶快率兵进入函谷关。赵王武臣的将相互相策划说："君王做赵王，不是陈王的本意。张楚诛灭了秦朝以后，一定会对赵用兵。我们考虑不如不向西进兵，而派使者向北攻取燕地来扩充自己的势力。赵在南面占据了黄河，北面占有了燕、代，陈王即使战胜了秦朝，也不敢限制赵。如果陈王胜不了秦，一定会倚重赵。赵乘着秦朝的衰败，可以在天下得志了。"赵王认为很对，于是不向西进兵，派原来上谷郡的卒史韩广带兵向北攻打燕地。

燕原来的贵族乡绅对韩广说："楚已称王，赵又称王。燕国再小，也曾是万辆兵车的国家，希望将军自立为燕王。"韩广说："我的母亲在赵国，不行。"燕人说："赵正担忧西面的秦，南面的楚，他们的力量管不了我们。况且凭楚的强大，还不敢加害赵王将相的家属，赵难道敢加害将军的家属？"韩广认为正确，于是自立为燕王。过了几个月，赵护送燕王的母亲及家属到了燕国。

在这时，各路将领掠夺地盘的不可胜数。周市向北收取

楚
【60】

土地到了狄，狄人田儋杀了狄地守令，自立为齐王，在齐地起兵攻打周市。周市军队溃散，回到魏，想立魏王的后代，原来的宁陵君魏咎做魏王。当时咎正在陈王那里，不能去魏。魏地平定后，人们想共同拥立周市做魏王，周市不肯。使者五次往返，陈王就封宁陵君魏咎做魏王，派他回魏国。周市最后做了魏王的丞相。

将军田臧等一起谋划说："周文的军队已经溃败，秦兵很快就要打来，我们围攻荥阳城攻不下来，秦兵一来，一定会大败。不如留下少量兵力，足以用来防备荥阳，把全部精兵用来迎击秦军。现在吴广骄横，不知道用兵的策略，不能和他商量，不杀他的话，事情恐怕就会失败。"于是一起假传陈王的命令诱杀了吴广，把他的首级献到陈王面前。陈王派使者赐给田臧楚令尹的印玺，让他做上将。田臧就派李归等将领防备荥阳城，自己带领精锐部队向西在敖仓迎击秦军。两军交战，田臧战死，军队被击破。章邯进发军队在荥阳城下攻打李归等人，攻破了荥阳，李归等人都战死了。

阳城人邓说带兵驻扎在郯县，被章邯的另一支部队打败，邓说的部队溃散逃到陈。铚人伍徐带兵驻扎在许昌，章邯打败了他，伍徐的部队都逃跑到陈，陈王杀了邓说。

陈王刚刚称王时，陵人秦嘉、铚人董緤、符离人朱鸡石、取虑人郑布、徐人丁疾等都各自独立起兵，带兵在郯郡包围了东海郡守庆。陈王听说后，就派武平君畔做将军，统领郯郡下的几支军队。秦嘉不听命令，自立为大司马，不愿隶属于武平君。通告军吏说："武平君年纪轻，不懂军事，不要听他的！"于是假传陈王的命令杀了武平君畔。

章邯攻破伍徐的军队后，攻打陈，上柱国房君蔡赐战死。章邯又进军攻打陈以西张贺的军队。陈王出来督战，张贺的军队被攻破，张贺死了。

同年腊月，陈王去汝阴，回到下城父时，他的车夫庄贾杀了他投降了秦。陈胜埋葬在砀县，谥号为“隐王”。【61】

陈王原来的涓人将军吕臣建立苍头军，在新阳起兵，攻下了陈，杀了庄贾，又在陈继续建立楚。

当初，陈王到陈后，命令铚人宋留率兵平定南阳郡，进入武关。宋留攻取了南阳后，听说陈王的死讯，南阳又反叛归为秦朝。宋留不能进入武关，于是向东到了新蔡，和秦军遭遇，宋留带领军队投降了秦，秦把宋留押解到咸阳，将宋留五马分尸来示众。

秦嘉等听说陈王兵败逃走，就立景驹做楚王，带领军队去方与县，想在定陶县下攻打秦军。派公孙庆出使到齐王那里，想和他联合进兵。齐王说：“听说陈王战败了，不知道他是死还是活，楚怎能不请示齐就立景驹为王！”公孙庆说：“齐不请示楚而自立为王，楚为什么要请示齐立王！况且楚首先发动起义，应当向天下发号施令。”田儋杀了公孙庆。

秦派左右校尉再次攻打陈，攻克了。吕臣败逃，招收兵马又聚集起来。与鄱的强盗当阳君黥布的兵马联合，北上在青波攻破秦军，陈回到楚人手里。正好此时项梁立楚怀王的孙子熊心为楚王。

陈胜称王总共六个月。称王后，建都陈县。原来和他一起受雇佣耕地的旧人听说后，来到陈，敲宫门说：“我要见

【61】

陈涉。”宫门令想把他捆起来。这人再三申辩，才放开了，却不肯给他传达。陈王出来，他拦路呼喊陈胜的名字。陈王听到后，就召见他，和他同车回到宫中。进入宫内，看到殿堂房屋、帷幕帐帘，客人说：“夥（huǒ）颐！陈涉做了王，宫殿这么高这么深！”【62】楚国人叫“多”为“夥”，所以天下流传开来“夥涉为王”的说法，是从陈胜开始的。客人进出宫殿更加放肆，任意谈论陈胜的往事。有人劝陈王说：“客人愚昧无知，胡言乱语，无视大王的威严。”陈王于是杀了他。很多陈王的故友都自己走了，从此没有人亲近陈王了。陈王任用朱房做中正，胡武做司过，打听群臣的过失。将领们攻取地域，回来后，不遵从命令的人，就会被抓起来治罪。他们以这种苛刻审察的做法表示对陈王的忠诚。对和他们关系不好的人，不交有关官吏处理，动辄自己惩治。可陈王信任重用他们。将领们因为这个缘故不亲附陈王。这就是他失败的原因。

陈胜虽然已经死去，但他所封立、派遣的王侯将相终于灭了秦朝，因为陈胜首先发难。汉高祖时在砀地为陈胜设置守坟的有三十户人家，至今还在祭祀陈胜。

褚先生[①]说：地形险阻，是用来作为坚固屏障的；军队和刑狱，是用来治理国家的。但这些还不足以依靠。先王以仁义为立国的根本，而把巩固边塞、制订法律视为枝节，难道不是这样吗！我听贾谊先生评论说：

① 此处疑误，褚先生并未对此篇进行增补，故应为“太史公”。

【62】

秦孝公据有崤山、函谷关作为坚固屏障，拥有雍州的土地，君臣稳固防守，来窥伺周王室。有席卷天下、包含宇内、囊括全国的志向，并吞八方的决心。那时，商鞅辅佐他，在内设立了法律制度，从事耕织，整治防守、作战的军备；在外采取连横政策，使诸侯互相争斗。于是秦国轻而易举地夺取了黄河以西的土地。

秦孝公去世后，惠文王、武王、昭王继承旧业，沿用了他遗留下的策略，向南攻取汉中，向西夺取巴、蜀，向东割占了诸侯的肥沃土地，向北夺得形势险要的郡县。诸侯恐惧，会盟谋划削弱秦国。不惜用珍宝器物和肥沃土地来招致天下的仁人贤士，合纵缔结盟约，互相帮助，成为一体。当时，齐国有孟尝君，赵国有平原君，楚国有春申君，魏国有信陵君：这四位君子都明智忠信，宽厚爱人，尊重贤士。各国联盟缔约，又会合了韩、魏、燕、赵、宋、卫、中山诸国军队。这时六国的士人有宁越、徐尚、苏秦、杜赫等人为此出谋划策，齐明、周最、陈轸、邵滑、楼缓、翟景、苏厉、乐毅等人奔走联络，吴起、孙膑、带他、兒良、王廖、田忌、廉颇、赵奢等人统辖军队。他们曾经凭借十倍的土地，百万军队，西进函谷关攻打秦。秦国人打开关门迎击敌人，九国的军队逃跑不敢进攻。秦国没有耗费一根箭杆、一枚箭头，诸侯各国就已疲惫不堪。于是合纵的策略瓦解盟约失败，争相割地送给秦国。秦国有了余力来攻击诸侯的弱点，追击逃兵，驱赶败将，倒下的尸体数以百万计，血流成河到盾牌都漂了起来，乘着有利的地势、方便的时机，宰割天下诸侯，分裂各国领土，强大的国家请求归附，弱国入朝纳贡称臣。

延续到孝文王、庄襄王，他们在位的日子很短，国家没有事情。

到了秦始皇，发扬六代先王的丰功伟业，挥动长鞭统治天下，吞并两周，灭亡诸侯，登上皇帝之位控制全国，手持刑杖鞭笞天下百姓，威震四海。他向南攻取了百越地区，设立桂林郡、象郡，百越的君长们俯首听命，把性命交给秦朝官吏。又派蒙恬在北方修筑长城，驻守边塞，把匈奴打退了七百余里，使胡人不敢南下到中原放牧马匹，也不敢射箭复仇。【63】于是，秦始皇废弃先王治理国家的办法，焚烧了诸子百家的书，使百姓愚昧无知。拆毁六国的名城，杀死诸侯各国的豪杰，收缴天下的兵器集中到咸阳，销毁刀枪箭镞，铸成了十二个铜人，来削弱天下百姓力量。然后据守华山作为城垣，凭借黄河作为护城河，仰仗亿丈坚固城池，凭借深不可测的山涧来做坚固屏障。良将强弩，守卫要害的地方，忠臣和精兵装备着锋利的兵器，盘问往来行人。天下已经平定，秦始皇自认为关中形势险固，如同千里铜墙铁壁，这就是子孙万代可享的功业。

秦始皇死后，余威还震慑到边远地区。但是，像陈胜这种以瓮做窗、以绳为门轴的穷人家的儿子，是给别人耕种的雇农，还是个被发配的戍卒。他的才能算不上中等，没有孔子、墨子的贤德，也没有陶朱、猗顿的财富。参加到军队中，是千百个小头目中的一员，带领疲惫散

【63】

乱的戍卒，统率几百人的队伍，反过来攻打秦国。他们砍削树木做兵器，高举竹竿做旗帜，天下人像云一样聚集，像回音一样响应。人们带着粮食，如影随形地参加起义，崤山以东广大地区的豪杰人士同时起兵，因而灭了秦的家族。

统一后，秦的天下没有比之前变小变弱，雍州的土地，崤山、函谷关的坚固一如既往；陈胜的地位，并不比当年九国的军队强大；军队使用的锄头、木棍，不比当年士兵所用的武器更加锋利；被征发的戍卒，没法与过去训练有素的士兵相比；深谋远虑，行军与作战指挥的艺术，不及东方以往的将帅。然而成功与失败有了不同的变化，他成就的功业恰恰相反。假如让当年山东诸侯和陈胜比较长短高低，比较权势力量，不能相提并论。然而，秦国当年凭借一点点地盘，得到了统治天下的权力，超过其他八州而让诸侯都来朝拜，经历了一百多年的时间。然后一统天下成就自己的国家，让崤山、函谷关做了宫墙。陈胜一个人首先发难，秦的王业被摧毁，秦二世被人杀死，被天下人耻笑，这是为什么呢？这是因为秦王朝不施行仁义，不懂得进攻和防守的形势应当是不同的啊。

知识拓展

鸿鹄之志

释义：比喻远大的志向。

出处：《史记·陈涉世家》：“陈涉太息曰：‘嗟乎！燕雀安知鸿鹄之志哉！’”

王侯将相

释义：泛指封建社会中位尊、禄厚、权重、势大的贵族。

出处：《史记·陈涉世家》：“且壮士不死即已，死即举大名耳，王侯将相宁有种乎！”

史记卷四十九

外戚世家

扫描二维码
阅读本篇原文

吕后　薄太后　窦太后　王太后　长公主嫖　平阳公主　卫皇后

自古以来，受天命、创基业的帝王和那些继承先帝统系、遵守先帝法令的君主，都不仅是个人品德高尚，大都也有外戚的辅助。夏朝的兴盛是由于有了涂山氏，而夏桀被流放是由于有了妺喜。殷朝的兴盛是因为有了有娀氏，纣王被杀是由于他宠幸妲己。周朝的兴盛是由于有了姜原和大任[1]，而周幽王的被俘是因为溺爱褒姒。所以，《易经》以《乾》《坤》卦为开始，《诗经》以《关雎》[2]开头，《尚书》赞美尧亲自把两个女儿嫁给舜的事，《春秋》讽刺君主娶妻而不亲自迎娶的失礼行为。夫妇之间的正常关系是人类道德的重要准则。礼的任用，唯独在婚姻上小心谨慎。音乐和谐可使四季调和，阴阳的变化是万物发展的根本，难道可以不慎重吗？人们能够弘扬大道，却对天命无可奈何，真是这样啊！夫妇之间的感情，君主不能从臣子那里得到，父亲不能从儿子那里得到，何况处于卑下地位的人！男女欢合之后，或许还不能繁衍子孙；能生育子孙，或许不能使他们享尽天年，这难道不是天命吗？孔子很少谈天命，恐怕是因为难于说明。如果不通晓阴阳的变化，怎么能明白人性与天命呢？

---

① 大任：即太任，周文王的母亲。

② 《关雎》：《诗经》的第一篇，旧说是体现后妃之德的。

太史公说：秦以前外戚的情况很简略，详细情况很难记述。汉朝兴起，吕娥姁做了高祖的皇后，她的儿子被立为太子。等到晚年色衰爱弛，而戚夫人得到宠幸，她的儿子如意几次险些取代了太子。到高祖驾崩后，吕后诛杀了戚夫人，杀了赵王如意，而高祖的后宫妃嫔中，只有那些被高祖疏远、不受宠幸的人才得安然无恙。

吕后的长女是宣平侯张敖的妻子，张敖的女儿是孝惠帝的皇后。吕太后因为孝惠皇后是亲上加亲的缘故，想尽办法想让她生子，最终没能生子，只能骗取了后宫宫人的儿子做儿子。等孝惠帝驾崩后，天下开始安定不久，继承人还未确定。于是重用外戚，封诸吕为王来辅佐朝政，又让吕禄的女儿做少帝的皇后，想用结亲使根基更加牢固，然而却毫无益处。

吕后去世，和高祖合葬在长陵。吕禄、吕产等人害怕被杀，就谋划叛乱。大臣们讨伐他们，上天要延续汉代的统系，终于消灭了吕氏，唯独把孝惠皇后安置在北宫。大臣们迎立代王，他就是孝文帝，供奉汉家宗庙，这难道不是天命吗？不是天命，谁能承当此任？

薄太后，父亲是吴人，姓薄，秦朝时和原来魏王同宗族的女子魏媪私通，生了薄姬。薄父死在山阴，于是就埋葬在那里。

等到诸侯反叛秦朝，魏豹立为魏王，魏媪便把她的女儿送到魏宫。魏媪到会算命的许负那里给薄姬算命，许负说她一定会生天子。此时项羽正与汉王刘邦在荥阳对峙，天下还没有安定。魏豹开始时与汉联合攻打楚，等听了许负的话，心中暗喜，于是背叛汉王中立，改为和楚联合。汉派曹参等攻打俘虏了魏王豹，把他的国家改为汉郡，薄姬被送进织室[①]。魏豹死后，汉王有次进到织室，看见薄姬有美色，下诏将她纳入后宫，一年多未得高祖垂幸。当初薄姬年少，与管夫人、赵子儿要好，三人相约："先富贵的不要互相忘记。"不久，管夫人、赵子儿先得汉王垂幸。一天，汉王坐在河南宫成皋台上，管、赵二人一起取笑和薄姬当初的盟约，汉王听到后，询问其中缘故，两人都将实情告诉了汉王，汉王听了心中很伤感，怜悯薄姬，这天就垂幸薄姬。薄姬说："昨夜我梦见苍龙盘踞在我的腹部。"汉王说："这是显贵的预兆，我来成全你吧。"结果垂幸了一次就生了个男孩，他就是代王。此后，薄姬就很少见到高祖了。

高祖驾崩后，吕后对那些像戚夫人一样受过高祖宠幸的妃嫔十分生气，把她们都囚禁起来，不能出宫。薄姬因为很少能见到高祖的缘故，得以出宫，跟着儿子去代国，做代王太后。太后的弟弟薄昭也跟着来到代国。【64】

代王即位十七年，吕后去世了。大臣们商议拥立新皇帝，他们痛恨外戚吕氏势力强大，都称道薄氏家族仁善，因而迎立代王，立为孝文皇帝，薄太后也改称号为皇太后，薄昭封为轵侯。

薄太后的母亲已在此前死去，葬在栎阳的北面。于是就追尊薄太后的父亲为灵文侯，在会稽郡划出三百户人家作为守陵的园邑，让县长、县丞以下的官吏去看守陵园，寝庙[②]的祭品都按规定行事。在栎阳的北边建立了灵文侯夫人的园

---

① 织室：汉朝掌内廷丝帛织染的机构，妃嫔获罪多送到这里受罚。

② 寝庙：又称庙寝，庙在前，安放私设灵柩；寝在后，安置死者衣冠等物。

【64】

邑，一切礼仪同灵文侯一样。薄太后认为她的母亲是魏王的后代，自己又很早就失去了父母，于是孝文帝把那些扶持薄太后出了力的魏姓人召来，免除他们的徭役赋税，各按亲疏不同给予赏赐。薄氏家族中封侯的总计有一人。

薄太后在孝文帝驾崩后两年，即孝景帝前元二年去世，葬在南陵。因为吕后和高祖合葬在一起，所以薄太后特意另外建陵墓，靠近孝文帝的霸陵。

窦太后是赵国清河观津人。吕太后时，窦姬以良家女身份被选入宫服侍吕后。吕后把宫女赏给诸侯王，每个诸侯王五人，窦姬也在其中。窦姬家在清河，想去离家近些的赵国，请求主管遣送宫女的宦官：“一定要把我的名册放在去赵国的宫女队伍中。”宦官把这件事忘了，误把她的名册放在去代国的宫女队中。名册报上去，吕后批准，就要出行了，窦

【65】

姬抱头痛哭，怨恨那宦官，不想走，被逼无奈才肯前往。【65】到了代国，代王专宠窦姬，生了女儿嫖，以后又生了两个男孩。代王王后生了四个男孩，先前代王还未立为皇帝时，王后死了。等到代王立为皇帝，王后生的四个男孩又相继得病死了。孝文帝继位几个月，公卿大臣请求立太子，窦姬所生的大儿子刘启被立为太子，立窦姬为皇后，女儿刘嫖为长公主。第二年，立小儿子刘武为代王，不久又迁移到梁，他就是梁孝王。

窦皇后双亲早逝，葬在观津。于是薄太后下诏给有关官员，追尊窦皇后父亲为安成侯，母亲为安成夫人。下令在清河郡设置园邑，辖二百户人家，县长、县丞守护陵园，和灵文侯陵园的规格相同。

窦皇后的哥哥叫窦长君，弟弟叫窦广国，字少君。少君四五岁时，家里很穷，被人抢夺去卖了，家里人不知他被卖

【66】

到何处。他被转卖十多家，到了宜阳，少君替他的主人进山烧炭，晚上一百多人睡在山崖下，山崖倒塌，那些睡觉的人全被砸死，唯独少君幸免。他自己去占卜，说是几天之内当封为侯，就跟着他的主人家跑到长安，听说新立了皇后，老家在观津，姓窦。广国离家时虽然很小，但还记得他的县名和姓，又曾经和姐姐采桑叶从树上摔下来，他以此为凭证上书自述。窦皇后对文帝讲了此事，于是召见广国，询问他，详细述说了他的过去，果然是这样。再问他凭什么验证。广国说："姐姐离我西去时，和我在驿站诀别，曾要了水给我洗头，又要了饭给我吃，然后才离去。"于是窦皇后握着他的手泣不成声，涕泪横流。左右侍者也都伏在地上哭泣，更增添了窦皇后的悲哀。于是重赏广国田地、房屋和金钱，封赏窦氏兄弟在长安安家。【66】

绛侯周勃、将军灌婴等商议说："我们要是不死，命运就要掌握在这两个人手中。他俩出身微贱，不能不给他们选择老师和宾客，不然又会效法吕氏闹出大事来。"于是就选择忠厚的长者和有节操品行的士人和他俩在一起。窦长君、窦少君因此成了谦恭退让的君子，不敢凭借尊显的地位在别人面前骄横。

窦皇后重病，双目失明。文帝宠幸邯郸慎夫人、尹姬，但这两人都没生子女。孝文帝驾崩，孝景帝继位，就封广国为章武侯。长君在景帝继位前死去，就封他的儿子窦彭祖为南皮侯。后来吴、楚七国之乱时，窦太后的侄子窦婴喜欢行侠仗义，带领军队作战，因功被封为魏其侯。窦氏共三人被封为侯。

窦太后喜欢黄帝、老子的学说，从皇帝到太子，以及窦氏众人不得不读《黄帝》《老子》，尊奉这种学术。

窦太后在孝景帝驾崩后第六年，即汉武帝建元六年去世，和文帝合葬在霸陵，留下遗诏，把东宫的金钱财物都赐给长公主刘嫖。

王太后是槐里县人，母亲叫臧儿，臧儿是以前燕王臧荼的孙女。臧儿嫁给槐里的王仲做妻子，生了一个儿子叫信，还有两个女儿。王仲死后，臧儿改嫁给长陵田氏，生了儿子田蚡、田胜。臧儿的长女嫁给金王孙为妻，生了一个女儿，臧儿给她的子女算卦，说她的两个女儿都会显贵。臧儿于是想把两个女儿养起来待机而嫁，就从金氏家中夺回了女儿。金氏很愤怒，不肯断绝婚姻关系，臧儿就把她送进太子宫里，太子宠爱她，生了三个女儿、一个儿子。怀儿子时，王美人

梦见太阳落入她的怀里，她把此事告诉了太子，太子说：“这是尊贵的征兆。”孩子还没有生下来，孝文帝就驾崩了。孝景帝即位后，王夫人生下了这个儿子。

此前臧儿又把她的小女兒姁送进宫，兒姁生了四个儿子。

景帝做太子时，薄太后选了一个薄家的姑娘给他做妃子。等到孝景帝继位后，就立这个妃子为薄皇后。皇后没生儿子，不受宠幸，薄太后驾崩后，就废了薄皇后。

孝景帝的长子刘荣，他的母亲叫栗姬。栗姬是齐国人。景帝立刘荣为太子。长公主嫖有个女儿，想把她嫁给太子做妃子。栗姬很嫉妒，而孝景帝的各位美人都是通过长公主的引见见到景帝并得到尊贵和宠幸的，都超过了栗姬，栗姬日益怨恨，就谢绝了长公主，不答应这门亲事。【67】长公主想把女儿嫁给王夫人的儿子做妃，王夫人答应了。长公主生栗姬的气，就经常在景帝面前说栗姬的坏话：“栗姬和贵夫人、宠姬们聚会，常常让侍奉的人在贵夫人们背后吐唾沫诅咒，施展邪术。”景帝因此怨恨栗姬。

景帝曾经身体不适，心情不愉快，就把受封为王的儿子们托付给栗姬，说：“我死之后，你要好好照看他们。”栗姬很生气，不肯答应，出言不逊。景帝很气愤，心里憎恨但没有发作。

长公主天天夸赞王夫人的儿子刘彻有美德，景帝也认为他很贤能，又有从前王夫人梦日入怀的吉兆，然而改立太子的主意没有定下来。王夫人知道景帝恨栗姬，趁着景帝怒气未消，暗地里派人催促大臣请求立栗姬为皇后。有一天主管礼仪的大行奏事完毕，说：“‘儿子因为母亲而得到尊贵，母亲因为儿子而得到尊贵。’现在太子的母亲没有封号，应当立为皇后。”景帝发怒说：“这是该你说的话吗？”就把大行问罪诛杀，废黜太子，贬其为临江王。栗姬更加怨恨，她因不能见到景帝无法辩解，于是抑郁而死。最终立王夫人为皇后，立她的儿子为太子，封皇后的哥哥王信为盖侯。

景帝去世，太子刘彻继位为皇帝。追尊皇太后的母亲臧儿为平原君，封田蚡为武安侯，田胜为周阳侯。

景帝共有十三个儿子，一个儿子做了皇帝，十二个儿子都被封为王。兒姁很早去世，她的四个儿子都被封王。王太后的长女封为平阳公主，次女封为南宫公主，三女儿封为林虑公主。

盖侯王信喜欢喝酒。田蚡和田胜贪婪，善于花言巧语。王仲死得早，葬在槐里，追尊为共侯，设置二百户居民做他

的园邑。等到平原君去世，跟田氏合葬在长陵，园邑规模和共侯园邑相同。王太后在孝景帝驾崩后十六年，即元朔四年去世，和景帝合葬在阳陵。王太后家总共有三个人被封为侯。

卫皇后字子夫，出身微贱。他们家里人自称是卫氏，出自平阳侯封邑。子夫原是平阳公主的歌姬。武帝刚继位时，几年都没有生儿子。平阳公主就物色了良家女子十余人，打扮起来安置在家里。武帝在霸上行完祓祭返回时，顺路看望平阳公主。公主引见所蓄养的美女，武帝都不喜欢。酒后，歌姬进来演唱，武帝看见，独独喜欢卫子夫。【68】这天，武帝起身上厕所，子夫在更衣室侍奉，得到武帝垂幸。武帝回到原来的座位，非常高兴，赏赐平阳公主千斤黄金。平阳公主乘机奏请送卫子夫入宫。子夫上车时，平阳公主拍着她的后背说："去吧，好好吃饭，勉力而行，如果尊贵了，不

要忘了我。”子夫入宫一年多，竟然没有再得到武帝垂幸。武帝挑出那些不中用的宫女，放出宫送回家中。卫子夫得以见到武帝，流着泪请求出宫。武帝又怜悯她，又垂幸卫子夫，于是她怀孕了，武帝对她的恩宠越来越多。召见她的哥哥卫长君、弟弟卫青，用作侍中。子夫后来非常得宠。共生了三个女儿一个儿子，儿子叫刘据。

当初，武帝做太子时，娶了长公主的女儿为妃子，继位做皇帝后，妃子立为皇后。皇后姓陈，没有生育。武帝之所以能继承皇位，大长公主①从中出了很大力，因此陈皇后骄横自贵。她听说卫子夫很受宠幸，非常生气，多次寻死觅活。武帝更加生气，陈皇后暗中用让巫女诅咒，汉武帝发觉这件事，于是废了陈皇后，立卫子夫为皇后。【69】

① 大长公主：陈皇后的母亲，景帝的姐姐，比汉武帝长一辈，故称大长公主。

陈皇后的母亲大长公主是景帝的姐姐，多次责怪武帝的姐姐平阳公主说：“没有我，皇帝就不能继位，继位后就抛弃我的女儿，这是多么不知庆幸而忘本啊！”平阳公主说：“因为她没有生儿子的缘故才废的。”陈皇后设法想生儿子，花的药费高达九千万，但最终没能生出孩子。

卫子夫已经被立为皇后，在此之前卫长君去世，就让卫青做将军，卫青攻打匈奴立功，被封为长平侯。卫青的三个儿子还在襁褓中，都被封为列侯。卫皇后有个所谓的姐姐卫少儿，少儿生了儿子霍去病，因为有军功封为冠军侯，号骠骑将军，卫青号大将军。卫皇后的儿子刘据被立为太子。卫氏家族的人以军功起家，五人被封为侯。

等到卫皇后年老色衰，赵地的王夫人受到宠幸，有一个儿子，封为齐王。

王夫人很早去世。中山国的李夫人得到宠幸，有一个儿子，封为昌邑王。

李夫人也很早去世，她的哥哥李延年因为擅长音乐得到宠爱，封为协律。协律这一官职，过去是歌舞艺人。他们兄弟都因淫乱后宫，被灭族。当时他的长兄李广利为贰师将军，率兵讨伐大宛，没有被杀，还师后，武帝已经灭绝了李氏，后来武帝怜悯他这一家，就封他为海西侯。

武帝别的姬妾所生的两个儿子，分别封为燕王、广陵王。他们的母亲不被宠幸，因而忧郁而死。

等到李夫人去世，又有尹婕妤等人，相继受到宠幸。但她们都是以倡优的身份见武帝的，不是王侯之家的女儿，因而没有资格匹配皇上。

（以下为褚少孙补写内容）

褚先生说：我做郎官时，询问过熟悉汉家旧事的钟离先生。他说：王太后入宫前曾在民间生过一个女儿，孩子的父亲是金王孙，金王孙已经死了，景帝去世后，武帝继皇位，王太后还活着。韩王孙韩嫣平时很受武帝的宠幸，乘机告诉武帝说太后有个女儿在长陵，武帝说："怎么不早说！"就派使者先去看看，果然在家。武帝就亲自去迎接她。路上戒严，走在前头的骑士举着旗帜出横城门①，武帝坐车飞驰到长陵。在小街往西进入里巷，里巷大门关闭，侍卫们便猛地打开门，皇帝的坐车直入这条里巷，直到金氏门外才停止。武帝派骑兵包围了金家房宅，为的是防她逃跑，怕亲自去迎接接不到，就派左右臣子进屋呼叫找她。金家的人惊恐，金女逃到内室藏在床底下。她被扶持出门，让她拜见皇上。武帝下车哭泣说："啊，姐姐，为何藏得这么深？"命令副车载着她，掉转车头返回，径直进入长乐宫。行车路上就下诏通知宫门看守写好通报名帖，直通到宫拜见太后。太后说："皇帝累成这个样子，从哪儿来呀？"武帝说："今天到长陵找到了我的姐姐，和她一起来的。"回头对姐姐说："拜见太后！"太后说："是我的那个女儿吗？"回答说："是的。"太后为此痛哭流涕，女儿也伏在地上哭泣。【70】武帝捧着酒上前为太后祝寿，拿一千万钱、

① 横城门：长安城西北的城门。

【70】

三百奴婢、百顷公田、一栋上等住宅，赐给姐姐。太后谢道："让皇帝破费了。"于是召来平阳公主、南宫公主、林虑公主三人都来拜见姐姐，就因而封她为修成君。她有一个女儿、一个儿子。儿子称作修成子仲，女儿做了诸侯王的王后。这两个孩子不是刘姓，因此太后怜爱他们。修成子仲骄横恣肆，欺辱官吏百姓，人们都很恨他。

卫子夫被立为皇后，皇后的弟弟卫青，字仲卿，以大将军的身份被封为长平侯。他有四个儿子，长子卫伉是侯位继承人，卫伉常在当内廷侍卫，显贵受宠。他的三个弟弟都被封为侯，各人都有一千三百户的封邑，一个叫阴安侯，一个叫发干侯，第三个叫宜春侯，尊贵的声势震动天下。天下人唱歌说："生儿子不要高兴，生女儿不要生气，难道看不见卫子夫也同样称霸天下吗？"

这时平阳公主正在寡居，要找一个有列侯身份的人做丈夫。公主与左右的人商议长安城里列侯中谁可以成为她的丈夫，都说大将军可以。公主笑着说：“这人出自我家，曾经让他骑马跟随着我出入，怎么能成为我的丈夫呢？”左右侍奉的人说：“现在大将军的姐姐成了皇后，三个儿子都是侯，富贵震动天下，公主为什么要看轻他呢？”于是公主答应了。她把此事告诉了皇后，让她告诉武帝，武帝就下诏书让卫将军娶了平阳公主。

褚先生说：大丈夫像龙一样变化。古书中说：“蛇变成龙，皮肤纹理不变；封邑变成封国，不改变姓氏。”丈夫一旦富贵，所有缺陷都没了，显得光耀荣华，贫贱时的事哪里能拖累他呢？

武帝时，宠幸夫人尹婕妤，还有个号称娙（xíng）娥的邢夫人，众人叫她娙何。娙何的品级相当于中二千石，容华的品极相当于二千石，婕妤的品级相当于列侯。一般从婕妤中选拔皇后。

尹夫人和邢夫人同时被宠幸，武帝下诏不让她俩相见。一次，尹夫人亲自请求武帝，希望看看邢夫人，武帝答应了她。就命令别的夫人打扮，跟从侍者数十个，假装是邢夫人来到面前。尹夫人上前看了她说：“这不是邢夫人本人。”武帝说：“凭什么这么说？”尹夫人回答说：“看她的体态形貌，不能匹配君主。”于是武帝下诏让邢夫人穿着旧衣服，独自走上前来。尹夫人老远望见她，说：“这才是真的她。”于是低头哭泣，自恨不如。俗话说：“美女走进房间，就成了丑女的仇人。”

褚先生说：沐浴不一定到江海，重要的是去污垢；马匹不一定是骐骥，重要的是要能跑；士人不一定要比世人贤德，重要的是要通晓大道；女人不一定要出自名门，重要的是必须贞洁美丽。《传》说：“女子不论美丑，一进宫室就被嫉妒；读书人无论贤能与不才，一入朝堂就被嫉妒。”美女，是丑女的仇敌，难道不是这样吗？

钩弋夫人姓赵，是河间人。得到武帝宠幸，生了一个儿子，就是昭帝。武帝七十岁时，才生昭帝。昭帝继位时，年仅五岁。

卫太子刘据被废后，武帝没有再立太子。燕王旦上书，表示愿意回到国都入宫担任保卫。武帝很生气，立即下令在北阙[①]斩了来使。

武帝住在甘泉宫，召画工画一幅周公背负成王辅政图。于是左右大臣们知道武帝想立小儿子为太子。过了几天，武帝谴责钩弋夫人。夫人摘掉首饰，磕头求饶。【71】武帝说：“把她拉下去。送到掖庭[②]幽禁起来！”夫人回头看武帝，武帝说：“快走，你不能再活下去！”夫人被处死在云阳宫。当时狂风扬起尘土，百姓也感到哀伤。使者夜里拿着棺材去埋葬她，在坟墓上做了标志。

后来武帝闲居时，问左右的人：“人们说些什么？”左右的人回答说：“人们都说就要立她的儿子，为什么要除掉她的母亲呢？”武帝说：“是啊。这不是小人和愚人所能明白的。以前国家之所以有动乱，是由于皇帝

---

① 北阙：宫殿北面的门楼，臣子朝见上书的地方。

② 掖庭：幽禁犯罪妃嫔的地方。

小，母亲年壮。皇后独断专横，恣意淫荡，没人管得了。你们没听说吕后吗？”所以凡是给武帝生了孩子的妃嫔，不论孩子是男是女，他们的母亲没有不处死的，难道可以说不是圣贤吗？这样的远见卓识，为后世的国家命运做打算，本来就不是一般见闻浅薄的愚蠢儒生所能比得上的。武帝谥号为“武”，难道虚有其名吗？

史记卷五十

楚元王世家

扫描二维码
阅读本篇原文

楚元王刘交　楚文王刘礼　楚王刘纯　赵王刘遂

楚元王刘交，是汉高祖同母所生的最小的弟弟，字游。

汉高祖兄弟四人，大哥叫刘伯，很早就死了。当初汉高祖卑微的时候，曾经为了避难，常常同客人一起到大嫂家吃饭。大嫂讨厌刘邦，刘邦同客人来了，大嫂便假装肉汤吃完了，用饭勺刮锅底，客人因此都走了。过后，刘邦看到锅中还有肉汤，因此怨恨大嫂。等到刘邦做了皇帝后，分封兄弟，唯独刘伯的儿子没有得到封赏。太上皇为此给刘伯的儿子说情，高祖说："我并非忘了分封他，只是因为他的母亲不像一个长者罢了。"于是就封她的儿子刘信为羹颉侯，而把二哥刘仲封为代王。

汉高祖六年（公元前 201 年），在陈擒获了楚王韩信后，就以弟弟刘交为楚王，定都彭城。刘交即位二十三年后去世，他的儿子夷王刘郢继位。夷王在位四年后去世，他的儿子楚王刘戊继位。

楚王刘戊继位后的第二十年冬天，因为在为薄太后服丧期间私奸了宫女，被削去了东海郡。第二年春，刘戊和吴王刘濞谋反，他的丞相张尚、太傅赵夷吾劝谏，刘戊不听从，反而杀了张尚和赵夷吾，起兵与吴一起向西进攻梁，攻破了梁的棘壁。到了昌邑南，同汉朝的大将周亚父交战。汉朝切断了吴、楚运送粮草的道路，士兵饥饿，吴王刘濞逃走了，楚王刘戊自杀了，吴、楚的军队于是投降了汉。

汉朝平定了吴、楚的叛乱后，汉景帝想让德侯刘广的儿子继位为吴王，让楚元王刘交的儿子刘礼继位为楚王。窦太后说：“吴王是汉朝的老臣，应该为宗室效忠行善。现在却首先率领七国谋反，使天下陷于纷乱，怎么能给他接续后代呢？”于是没有允许立吴王，而立了楚元王的后代。这时刘礼做汉的宗正。于是封刘礼为楚王，供奉楚元王宗庙，他就是楚文王。

楚文王在位三年后去世，他的儿子安王刘道继位。安王在位二十二年去世，他的儿子襄王刘注继位。襄王在位十四年后去世了，他的儿子刘纯继位。刘纯继位后，汉宣帝地节二年（公元前 68 年），有宦官上书密报楚王谋反，刘纯自杀了，楚的封国被除去，封地归入汉，成为彭城郡。

赵王刘遂的父亲是汉高祖的儿子里居中的儿子，名叫友，谥号是“幽”。幽王因为忧郁而死，所以谥号为“幽”。吕后封吕禄为赵王，一年后吕后驾崩。汉室大臣们诛杀了吕禄和吕氏家族等。于是立幽王的儿子刘遂为赵王。

汉文帝即位第二年，想立刘遂的弟弟刘辟彊为王，将赵的河间郡作为他的封邑，封辟彊为河间王，这就是河间文王，文王在位十三年后去世，他的儿子哀王刘福继位。一年后哀王去世，没有儿子，绝了后代，于是封国被除去，归入汉。

刘遂已经做了二十六年赵王，正值汉景帝时，赵王因为过失被晁错削去了常山郡。吴、楚谋反时，赵王刘遂和他们合谋起兵。他的丞相建德、内史王悍劝谏，赵王不听。刘遂烧死了建德、王悍，发兵驻扎在赵的西部边界，想等待吴国

【72】

和他们一起向西进兵。赵王派使者向北出使匈奴，想与匈奴联合，一起攻打汉朝。汉朝派曲周郦寄攻打他们。赵王刘遂于是退兵，据守邯郸，对峙了七个月。吴、楚军队在梁失败，不能向西进发。匈奴听到此消息，也停止了发兵，不肯进入汉朝的边界。栾布攻破齐国回来，于是合兵一处，引水淹了赵都邯郸。邯郸被攻破了，赵王刘遂自杀，邯郸的将士投降了。赵幽王绝了后代。【72】

太史公说：国家将要兴起，一定会有好的预兆，君子得到重用而小人被斥退。国家将要灭亡时，贤人隐退，乱臣却得到重用。假使楚王刘戊没有杀申公①，遵从他的劝告，

① 申公：楚王刘戊的中大夫申培，劝刘戊不要和刘濞一起作乱，刘戊不听，让他服苦役。

假使赵国任用防与先生，哪里会有篡权弑君的阴谋，以致被天下人耻笑呢？贤人啊贤人！如果不是君主自身有这样的贤德，怎能任用贤德之人呢？这太重要了！“国家的安危在于发出的政令如何，国家的存亡在于所任用的人如何。”这句话真对啊！

史记卷五十一

荆燕世家

扫描二维码
阅读本篇原文

刘贾　刘泽　田先生　张子卿　刘定国

荆王刘贾[1]，属刘氏家族，但不知他是哪一支。刚起事时，是汉王元年（公元前 206 年），汉王回关中参加平定三秦[2]的战役，刘贾为将军。他率军平定了塞王司马欣的领地，又跟从汉王向东面攻打项羽。

汉四年（公元前 203 年），汉王在成皋被项羽打败，向北渡黄河，夺得了张耳、韩信的军队，驻扎在修武，挖深沟、筑高墙，派刘贾率领步兵两万人、骑兵数百人，渡过了白马津进入楚地，烧了楚军积聚的军需物资，破坏楚军的补给，使他们无法给项羽的军队供粮食。不久楚兵攻打刘贾，刘贾就坚壁防守不肯和他们交战，和彭越互相保护。

汉五年（公元前 202 年），汉王追击项羽到了固陵，派刘贾渡过淮河包围寿春。刘贾很快就到了，派人暗中招降楚大司马周殷。周殷背叛项羽，帮助刘贾攻下了九江，迎接武王黥布的军队，都汇合在垓下，共同攻打项羽。汉王派刘贾带领九江的军队，和太尉卢绾一起向西南攻打临江王共驩。共驩死后，把临江改为南郡。

汉六年（公元前 201 年）春，汉王在陈县会诸侯，废黜

① 刘贾：汉高祖刘邦的同宗兄弟，一说是其堂兄。

② 三秦：指秦的旧地关中地区，项羽在秦亡之后，把关中封给秦的三个降将：章邯、司马欣、董翳，故称三秦。

【73】

了楚王韩信，把他囚禁起来，把他的领地分为两个封国。那时，汉高祖的儿子年纪小，兄弟不多，又不贤能，想分封同姓为王来镇抚天下，于是下诏说："将军刘贾有功，同时应该挑选刘氏子弟中可以封王的人分封他们。"大臣们都说："立刘贾为荆王，统治淮东地区五十二座城；立高祖的弟弟刘交为楚王，统治淮西一带三十六座城。"因而立儿子刘肥为齐王。这就是分封刘氏兄弟为王的开端。

高祖十一年（公元前 196 年）秋天，淮南王黥布谋反，向东攻打荆。荆王刘贾和他交战，没有取胜，逃到富陵，被黥布的军队杀害了。高祖亲自带兵攻打黥布。十二年（公元前 195 年），黥布被打败，立沛侯刘濞为吴王，统辖原来荆地一带。

燕王刘泽，是刘氏宗族中的远房宗亲。高祖三年（公元前 204 年），刘泽当了郎中。高祖十一年（公元前 196 年），刘泽以将军的身份跟随高祖攻打陈豨，俘虏了王黄，于是被封为营陵侯。【73】

吕后执政时，齐国人田先生外出游说缺少资金，用进谏来求助于营陵侯刘泽，刘泽很高兴，拿二百斤金给田先生祝寿。田先生得到钱后，就回了齐国。过了两年，刘泽派人对田先生说："不要跟我交游啦。"田先生到了长安，没有去见刘泽，而是借了一套宅院，让他的儿子寻求侍奉吕后所宠信的大谒者张子卿。过了几个月，田先生的儿子请张子卿光临，田先生出面亲自招待。张子卿答应前往。田先生张挂帷幕帐帘，陈设器具，布置得像列侯的家一样。张子卿很吃惊。酒喝得很畅快，田先生屏退左右的人对张子卿说："我观察了百余所诸侯王的府第，都是高祖所有的功臣。现在吕氏一向忠心辅佐高祖建成帝业拥有天下，功劳最大，又有太后这样尊贵的亲戚。太后年事已高，吕姓力量弱，太后想立吕产为王，统治代国。可是她又难以启齿，担心大臣们不服。现在您最受宠信，大臣们敬重您，您何不暗示大臣们，让他们禀报太后，太后一定很高兴。吕氏们封王之后，万户侯的封赏也会有您的了。太后想封诸吕为王，您是内廷大臣，不赶快办，恐怕祸患要降临到您身上。"张子卿认为非常对，于是就暗示大臣们提议封诸吕为王，并禀报了太后。太后上朝时，询问大臣们。大臣们请求立吕产为吕王。太后赏赐张子卿千斤金，张子卿把一半分给田先生。田先生不接受，又劝说他："吕产被封为王，大臣们没有完全心服。如今营陵侯刘泽是刘氏宗族，担任大将军，只有他还怨怒。现在您去劝

说太后，划出十几个县封他为王，他得封，高兴地离去，诸吕的王位就更加巩固了。”张子卿入宫进言，太后认为很对。就把营陵侯刘泽封为琅邪王。琅邪王便和田先生去封国。田先生劝刘泽急速起程，不要停留。出了函谷关，太后果然派人追来阻止他们，刘泽已经出关，追赶的人就回去了。

等到太后去世，琅邪王刘泽说：“皇帝年少，诸吕执政，刘氏力量弱小。”于是领兵和齐王合谋西进，想要诛杀诸吕。到了梁地，听说汉朝派灌婴将军驻扎在荥阳，刘泽就撤回军队，守备封国的西部边界，自己奔驰到长安。代王也从代国到了长安。将军、相国们和琅邪王共同拥立代王为皇帝。皇帝因而改封刘泽为燕王，又把琅邪给了齐，恢复了齐国的旧地。【74】

刘泽在燕为王的两年后去世，谥号为敬王。王位传给儿子刘嘉，他就是康王。

到了孙子刘定国，他和父亲康王的姬妾通奸，生了一个儿子。夺走了弟媳做自己的姬妾。还和三个女儿通奸。定国想杀掉肥如县令郢人，郢人等上报朝廷，定国派人用别的法令弹劾、逮捕了郢人来灭口。到汉武帝元朔元年（公元前128年），郢人的兄弟又上书详细地揭发了定国的罪行，因此皇帝下令让公卿处理，都说：“定国的禽兽行为，败坏人伦，违背天理，应当处死。”皇帝批准了。定国自杀，封国被除掉，成为汉郡。

太史公说：荆王被封为王，是由于汉朝建立不久，天下尚未安定，所以刘贾虽然属于远亲，还是因皇帝的封赐做了王，镇抚长江、淮河之间。刘泽的封王，是用计激发吕氏的结果，但刘泽最终南面称孤，并传了三代。他能首先发兵声讨吕氏，然后得到重用，这种计策难道不是非同一般吗！

史记卷五十二

齐悼惠王世家

扫描二维码
阅读本篇原文

齐悼惠王　琅邪王刘泽　齐文王　齐孝王　齐厉王
纪太后

齐悼惠王刘肥，是汉高祖庶出的长子。他的母亲是汉高祖的妾，叫曹氏。高祖六年（公元前 201 年），封刘肥为齐王，食邑有七十座城，能说齐国话的百姓都封给齐王。

齐王是孝惠帝的哥哥。孝惠帝二年（公元前 193 年），齐王入朝拜见，惠帝和齐王在一起饮酒，像待家人一样用平等的礼节款待齐王。吕太后发怒，想要杀死齐王。齐王担心逃脱不了灾祸，就采用内史勋的计策，献上城阳郡做鲁元公主的汤沐邑。吕后很高兴，齐王才得以告辞回封国。

齐悼惠王在位十三年，在孝惠帝六年（公元前 189 年）去世。他的儿子刘襄继位，他就是齐哀王。

哀王元年（公元前 188 年），孝惠帝去世，吕后执政，国家大事都由吕后决断。二年（公元前 187 年），吕后立她哥哥的儿子郦侯吕台为吕王，割出齐国的济南郡作为吕王的封邑。

哀王三年（公元前 186 年），他的弟弟刘章进入汉朝宫中做警卫，吕后封他为朱虚侯，把吕禄的女儿嫁给他。四年后，又封刘章的弟弟刘兴居为东牟侯，都在长安任警卫。

哀王八年（公元前 181 年），吕后割出齐国的琅邪郡，立营陵侯刘泽为琅邪王。

第二年，赵王刘友入朝，被幽禁在府邸中死去。三个赵王都被废黜。吕后立吕氏三人为王，专权执政。

朱虚侯刘章二十岁，有气力，因刘氏不能得到职权而愤愤不平。曾经进宫侍奉吕后举行宴会饮酒，吕后让朱虚侯刘章当酒令官。刘章自己请求说："我是将门的后代，请允许我按军法行酒令。"吕后说："可以。"酒饮到畅快时，刘章上前表演助兴的歌舞。不一会儿又说："请让我给太后唱耕田歌。"吕后把他当小孩看待，笑着说："想来你的父亲知道耕田的事。你生下来就是王侯公子，怎么知道耕田的事呢？"刘章说："我知道。"吕后说："试着给我唱耕田歌。"刘章唱道："深耕密植，留的苗要疏散，不是同类就锄掉它。"【75】吕后沉默不语。过了一会儿，诸吕中有一个人喝醉了，逃离了酒席，刘章追出来，拔出剑杀了他，回到席上，禀报说："有一个人逃离酒席，我执行法令杀了他。"吕后和左右的人都大吃一惊。但已经允许他用军法行事，不能责怪他。因而结束了酒宴。从此以后，诸吕害怕朱虚侯，即使朝中大臣也都依从朱虚侯，刘氏的力量因此增强了。

第二年，吕后去世。赵王吕禄做上将军，吕王吕产做相国，都住在长安城里，聚集军队，威慑大臣，想要作乱。朱虚侯刘章因为妻子是吕禄的女儿，知道了他们的阴谋，就派人暗中出去告诉他哥哥齐哀王刘襄，想让他发兵西进，朱虚侯、东牟侯做内应，诛杀了诸吕，因而立齐王为皇帝。

齐王知道这个计谋后，就和他的舅父驷钧、郎中令祝午、中尉魏勃暗地部署发兵。齐王的相国召平听说此事，就发兵保卫王宫。魏勃哄骗召平说："齐王想要发兵，但还没有朝廷的虎符凭证。您包围着王宫保护齐王，当然好。我请求替您带兵保卫齐王。"召平相信了他，就派魏勃带兵包围了王宫。魏勃带兵之后，却派兵包围了相府。召平说："唉！道家说'做事情要当机立断，不然就要遭受祸患'，真是这样啊！"于是自杀。因此齐王让驷钧做相国，魏勃做将军，祝午做内史，把齐国的军队全部调集起来。派祝午去东边欺骗琅邪王说："吕氏发动叛乱，齐王想派兵向西诛杀他们。齐王自认为是晚辈，年纪轻，不懂军事，希望把整个国家委托给大王。大王从高祖时就是将军，熟悉作战的事。现在齐王不敢离开军队，派我请大王去临菑会见齐王，商量大事，率领齐兵一起向西，平定关中的叛乱。"琅邪王相信了他，认为他说得对，就奔驰去见齐王。齐王和魏勃等乘机扣留了琅邪王，派祝午征调了琅邪国的全部士兵，并且统领这些军队。

琅邪王刘泽已经被欺骗，不能返回封国，就劝齐王说：“齐悼惠王是高祖的长子，推究根本来说，您就是高祖的嫡长孙，应当继位。现在大臣们犹豫不决，没有确立继承人，而我在刘氏家族中年龄最大，大臣们一定要等我决策。现在您扣留我没有用处，不如派我去关中商议大事。”齐王认为很对，就备了很多车马送琅邪王。

琅邪王走了以后，齐国就派兵向西攻占了吕国的济南郡。于是齐哀王给诸侯王送信说：“高祖平定了天下，分封众子弟们为王，悼惠王被封在齐。悼惠王去世，惠帝派留侯张良立我为齐王。惠帝去世后，吕后执政，她年纪大了，听凭诸吕擅自废掉高祖所封的诸王，又杀了三个赵王，灭掉了梁、燕、赵来封诸吕为王，把齐分成了四块。忠臣进谏，吕后迷惑昏乱，不听。现在吕后去世，皇帝年纪小，不能统治天下，必须依靠大臣、诸侯。现在诸吕又擅自提高自己的官位，集结军队显示他们的威力，威胁列侯忠臣，假传圣旨来号令天下，刘氏江山因而岌岌可危。现在我派军队进长安，诛杀那些不应当做王的人。”【76】

朝廷听说齐王发兵向西进军，相国吕产就派大将军灌婴向东攻打齐国军队。灌婴到了荥阳，就考虑说：“诸吕带兵占据关中，想颠覆刘氏自己当皇帝。如果我打败齐国回去报告，这会助长吕氏的势力。”就把军队驻扎在荥阳，派人告诉齐王和诸侯，和他们议和，来等吕氏叛乱，共同除掉他们。齐王听说后，就派兵向西，攻取了原属于齐国的济南郡，也驻兵在齐国西部边界，等着履行盟约。

吕禄、吕产想在关中作乱，朱虚侯和太尉周勃、丞相陈平等诛杀了诸吕。朱虚侯首先杀了吕产，于是太尉周勃才得以杀尽诸吕。琅邪王刘泽也从齐国来到长安。

大臣们商议想要拥立齐王刘襄，但琅邪王和大臣说：“齐王母家的驷钧，非常凶暴，就像一头戴着帽子的老虎。刚刚因为吕氏的缘故几乎使天下大乱，现在又立齐王，这样做是想再出现一个吕氏啊。代王的母家薄氏，是忠厚的君子。况且代王又是高祖的亲儿子，到今天还健在，并且年龄最大。他继位是顺理成章的事。用善良的人主持朝政那么大臣们也放心了。”于是大臣就谋划迎接代王继位，派朱虚侯把诛杀吕氏的事告知齐王，命令齐国撤兵。

灌婴在荥阳，听说魏勃曾教唆齐王谋反，等朝廷杀了诸吕，撤了齐兵之后，派人召来魏勃责问他。魏勃说：“失火的人家，哪有空先告诉家长然后再救火的呢？”于是后退站着，两腿

【77】

发抖，像是害怕得不能说话，终于没有说出其他的话。灌婴仔细看看，笑着说："人们都说魏勃有勇有谋，在我看来，实际不过是狂妄平庸之辈，能有什么作为呢？"于是解除了魏勃的官职。魏勃的父亲因为善于弹琴见过秦朝皇帝。魏勃年少时，想求见齐相国曹参，但因为家境贫寒没有财力打通关系，就常常独自在清晨去扫齐相国门客家的门口，这位门客觉得奇怪，以为是有怪物，就偷偷观察，结果看到了魏勃。【77】魏勃说："我希望见到相国，没有机会，所以给您打扫门口，想借机求见。"于是门客把魏勃带去见曹参，魏勃也当了门客。一次魏勃给曹参驾车，谈论了许多事情，曹参认为他很贤能，告诉了齐悼惠王。悼惠王召见魏勃，就任命他为内史。汉朝建国初年，悼惠王得以任命俸禄二千石的官吏。等悼惠王去世，哀王继位，魏勃当权，实际权力比齐相国高。

齐王撤兵回来后，代王刘恒来到长安继位，他就是孝文帝。

孝文帝元年（公元前179年），把吕后时从齐国分割出去的城阳、琅邪、济南郡又都还给了齐，改封琅邪王做燕王，朱虚侯、东牟侯的封地各增加二千户。

这一年，齐哀王去世，太子刘则继位，他就是齐文王。

齐文王元年（公元前178年），汉用齐国的城阳郡封朱虚侯为城阳王，用齐国的济北郡封东牟侯做济北王。

齐文王二年（公元前177年），济北王谋反，汉朝诛杀了他，封地归入汉朝。

两年后，孝文帝把齐悼惠王的儿子刘罢军等七人（应为十人）都封为列侯。

齐文王在位十四年去世，因没有儿子，封国被除去，封地归入汉朝。

一年后，孝文帝让先前所封的齐悼惠王的儿子分割齐国，各自为王。齐孝王刘将闾以悼惠王的儿子的身份由杨虚侯改封齐王。原来齐国的其他郡也都封给了悼惠王的其他儿子做王：封刘志做济北王，封刘辟光做济南王，封刘贤做菑川王，封刘印做胶西王，封刘雄渠做胶东王，加上城阳王、齐王，共有七个王。

齐孝王十一年（公元前154年），吴王刘濞、楚王刘戊反叛，发兵西进，通告诸侯王说："将要杀掉汉朝的奸臣晁错，来安定汉王室。"胶西、胶东、菑川、济南等王都擅自发兵，响应吴、楚。吴、楚想要联合齐，齐孝王犹疑不决，紧守城池，没有听从，于是三国（应为四国，下同）军队一起包围了齐国。齐王派路中大夫向天子告急。天子又命令路中大夫回来禀告齐王："好好地守住城池，我的军队现在攻破吴、楚军队了。"路中大夫回来，三国的军队重重包围了临菑，无法进城。三国的将军俘虏了路中大夫，逼着他结盟，说："你反过来说汉朝军队已被击破，齐赶快向三国投降，不这样就要屠城。"路中大夫答应他后，来到城下，望见齐王，说："汉朝已经派出百万军队，派太尉周亚夫攻破了吴、楚的军队，正要领兵救援齐国，齐国一定要坚守，不要投降！"三国的将军杀了路中大夫。

齐王当初被围情况危急时，暗中和三国谈判过，协约还没定，正好听说路中大夫从朝廷回来，非常高兴，他的大臣们也再次劝齐王不要投降三国。过了不久，汉朝的将军栾布、平阳侯曹奇等带领军队到了齐国，攻破了三国的军队，替齐国解了围。不久又听说齐当时和三国有过谈判，就想调兵讨伐齐国。齐孝王害怕了，就喝毒药自杀了。汉景帝听说后，认为齐王开始是好的，由于威胁被迫共谋，不是他的罪过，就立齐孝王的太子刘寿做齐王，他就是齐懿王，延续了齐的后代。胶西、胶东、济南、菑川诸王都被诛杀灭绝，封地归入汉朝。改封济北王作菑川王。齐懿王在位二十二年去世，他的儿子次景继位，他就是齐厉王。

齐厉王的母亲是纪太后。太后选他的弟弟的女儿做厉王的王后。厉王不爱纪氏的女子。太后想让纪氏家世代在宫中得宠，命令她的长女纪翁主[①]进入王宫，管制后宫的秩序，不让其他妃嫔接近厉王，想让厉王专宠纪氏的女子。厉王却因此和他的姐姐翁主通奸。【78】

① 翁主：诸侯王的女儿称为翁主。

【78】

齐国有个宦官叫徐甲，进宫侍奉王太后。王太后有个极受宠爱的女儿叫修成君，修成君不是刘姓，太后很怜爱她。修成君有个女儿叫娥，太后想把她嫁给诸侯，宦官徐甲就请求出使齐国，一定会让齐王上书请求娶娥。王太后很高兴，派徐甲出使齐国。当时齐国人主父偃知道徐甲出使齐国是为了让齐王娶娥为王后的事，也趁机对徐甲说："如果事情办成了，请您说我的女儿希望能到齐王的后宫服侍。"徐甲到了齐国后，暗示此事。纪太后大怒，说："齐王有王后，后宫也已齐备。况且徐甲是齐国的穷人，没办法才当了宦官，进宫侍奉汉朝，没捞什么好处，竟然想扰乱我们齐国的宫廷！而且主父偃又是干什么的？竟也想让女儿充当后宫！"徐甲很尴尬，回朝报告王太后说："齐王已经答应娶娥，但有一个危害，恐怕齐王和燕王一样。"燕王和他的几个女儿通奸，

【79】

刚刚犯罪被处死，封国灭亡，因此徐甲用燕王来说动太后，太后说：“不要再说把女儿嫁给齐国的事了。”这件事慢慢地连皇帝都知道了，主父偃从此也和齐国有了仇怨。

主父偃正得皇帝宠信，掌握大权，就对皇帝说：“齐国的临菑城有十万户人家，每日商业租税可以得到千金，人口众多，殷实富裕，比长安还多。如果不是皇帝的亲兄弟和爱子，是不能封在这里做王的。现在齐王与皇族更疏远了。”又怂恿说：“吕后时，齐国想谋反，吴、楚叛乱时，齐孝王几乎作乱。现在又听说齐王和他的姐姐淫乱。”于是皇帝任命主父偃为齐国相国，并且审查此事。主父偃到了齐国后，就立即提审齐王后宫里引导齐王到他姐姐翁主住处的宦官，让他们都证明给齐王带过路。齐王年少，害怕犯大罪被官吏抓去后处死，就喝毒药自杀了，断绝了后代。【79】

这时赵王刘彭祖对主父偃一出任就废除齐国感到害怕，担心他逐渐离间刘氏骨肉。就上书说主父偃受贿金，以及他危言耸听、公报私仇的事情。武帝因此囚禁了主父偃。公孙弘说：“齐王因忧虑而死，没有后代，封国归入汉朝，不杀主父偃不能平息天下人的怨恨。”于是杀了主父偃。

齐厉王在位五年去世，没有后代，封国归入汉朝。

齐悼惠王的后代还有两国，城阳和菑川。菑川的封地和齐国一样大。武帝怜悯齐国，因为齐悼惠王的墓地在齐郡中，就划出临菑以东环绕悼惠王坟墓的园邑，全部给了菑川国，来供奉悼惠王的祭祀。

城阳景王刘章，是齐悼惠王的儿子，他以朱虚侯的身份和大臣们共同诛杀诸吕，刘章最先冲进来在未央宫亲自杀了相国吕产。孝文帝继位后，增封刘章二千户，赏赐黄金一千斤。孝文帝二年（公元前178年），用齐的城阳郡封刘章为城阳王。刘章受封两年后去世，儿子刘喜继位，他就是城阳共王。

共王八年（公元前169年），改封淮南王。四年后，又回到城阳做王。总共在位三十三年去世，儿子刘延继位，他就是城阳顷王。

顷王在位二十六年后去世，儿子刘义继位，他就是城阳敬王。敬王在位九年去世，儿子刘武继位，他就是城阳惠王。惠王在位十一年去世，儿子刘顺继位，他就是城阳荒王。荒王在位四十六年去世，儿子刘恢继位，他就是城阳戴王。戴王在位八年去世，儿子刘景继位，到孝成帝建始三年（公元前30年），为王十五年时去世。

济北王刘兴居是齐悼惠王的儿子，以东牟侯的身份帮助

大臣们诛杀诸吕，功劳小，等到文帝从代来长安。刘兴居说：“请让我和太仆夏侯婴入内清扫宫室。”废了少帝刘弘，和大臣一起拥立孝文帝。

孝文帝二年（公元前 178 年），用齐的济北郡封刘兴居为济北王，和城阳侯刘章一起受封。受封两年后发动叛乱。当初大臣们诛杀吕氏的时候，朱虚侯的功劳最大，朝廷答应把赵的领地全部封给朱虚侯，把梁的领地全部封给东牟侯。等孝文帝继位，听说朱虚侯、东牟侯当初想拥立齐王，因此贬低了他们的功劳。到孝文帝二年，文帝分封儿子们为王时，才分割出齐的两地来封刘章、刘兴居。刘章、刘兴居自认为失去了职位，被抹杀了功劳。刘章去世，刘兴居听说匈奴大举进犯汉朝，汉朝多次调集军队，派丞相灌婴攻击匈奴，文帝亲临太原，刘兴居以为是皇帝亲自带兵出击匈奴，就起兵在济北叛乱。【80】文帝听说后，让丞相停止出兵，都撤回长安。派棘蒲侯柴武领兵击破济北王刘志的军队，俘虏了济北王，济北王自杀，封地归入汉朝，改为济北郡。

十三年后，即文帝十六年（公元前164年），又把齐悼惠王的儿子安都侯刘志封为济北王。十一年后，吴、楚反叛时，刘志坚守济北郡，不和诸侯一起谋反。吴、楚叛乱平定后，改封刘志作菑川王。

济南王刘辟光，是齐悼惠王的儿子，以杨侯的身份在文帝十六年被封为济南王。十一年后，和吴、楚一起谋反。汉朝击破了他们，杀了刘辟光，把济南变成郡，封地归入汉朝。

菑川王刘贤，是齐悼惠王的儿子，以武城侯的身份在文帝十六年被封为菑川王。十一年后，和吴、楚共同谋反。汉朝击破叛军，杀了刘贤。

景帝因此改封济北王刘志做菑川王。刘志也是齐悼惠王的儿子，以安都侯的身份封在济北郡做王。菑川王谋反失败，没有后代，就迁徙济北王刘志做菑川王。济北王刘志一共在位三十五年去世，谥号是懿王。他的儿子刘建继位，他就是菑川靖王，在位二十年去世。他的儿子刘遗继位，他就是菑川顷王，在位三十六年去世。他的儿子刘终古继位，他就是菑川思王，在位二十八年去世。他的儿子刘尚继位，他就是菑川孝王，在位五年去世。他的儿子刘横继位，到孝成帝建始三年（公元前30年），在位十一年时去世。

胶西王刘卬，是齐悼惠王的儿子，以昌平侯的身份在文帝十六年被封为胶西王。十一年后，和吴、楚一起谋反。汉朝击破叛军，杀了刘卬，封地归入汉朝，改为胶西郡。

胶东王刘雄渠，是齐悼惠王的儿子，以白石侯的身份在文帝十六年被封为胶东王。十一年后，和吴、楚一起谋反。汉朝击破叛军，杀了刘雄渠，封地归入汉朝，成为胶东郡。

太史公说：汉初封在大国的诸侯中没有超过齐悼惠王的。因为国内刚刚平定，刘氏子弟少，高祖深感秦朝没有给亲属分封尺寸土地，所以大加封赏刘氏同姓，来镇抚百姓的心。到后来发生分裂，本来也是理所当然的事。

史记卷五十三

萧相国世家

扫描二维码
阅读本篇原文

萧何　高祖　曹参　鄂君　召平

相国萧何是沛郡丰县人。因为精通法令，做了沛郡的功曹掾[①]。

高祖还是百姓时，萧何曾多次用自己的身份袒护高祖。后来高祖做了亭长，萧何更是经常帮助他。高祖作为小吏去咸阳服徭役，官吏们都奉送三百钱，只有萧何拿了五百钱。【81】

秦的监郡御史与萧何共事，萧何常常能明辨事理。萧何因此做了泗水郡卒史，考核政绩第一。秦御史想进言朝廷征召萧何，萧何坚决推辞，才未被调走。

待到高祖起兵做了沛公，萧何做了县丞，经常监督公务。沛公到了咸阳，将军们都争着奔向府库分金帛财物。萧何独自先进宫收罗秦的丞相府、御史府，收集法令、文书。后来沛公做了汉王，任萧何为丞相。项羽和诸侯屠城焚烧咸阳而去。汉王之所以详细知道天下的险阻要塞、户口的多少、强弱的处所，百姓的疾恨怨苦，是因为萧何全部得到了秦的档案。萧何进言汉王起用韩信，汉王用韩信为大将军，这件事情记在《淮阴侯列传》中。【82】

汉王领兵东进，平定三秦，萧何作为丞相留下来收取巴、蜀，镇抚晓谕百姓，让他们供给军粮。汉高祖二年（公元前205年），汉王和诸侯攻击楚，萧何守卫关中，侍奉太子，

---

① 功曹掾：郡守、县令的属官，掌庶务、人事，参与政事。掾是属官的通称。

【81】

治理栎阳。他制定法令约束百姓，立宗庙、社稷、宫室、县邑，不时上奏，经过汉王批准允许才去行事；假使来不及上奏，就酌情先行处理，等汉王回来再把所做的告诉他。关中的事务，包括统计户口和通过水路、陆路供给军粮，汉王多次兵败，损兵折将，萧何经常发动关中的士卒，不时补充缺员，汉王因此把关中的事务完全托付给萧何。

汉三年（公元前 204 年），汉王和项羽在京、索之间相对抗，汉王几次派使者回去慰劳丞相，鲍先生对丞相说："汉王暴衣露盖[①]，多次派使者慰劳您，是存有疑心。为您着想，不如您派子孙兄弟中能胜任士兵的人全部到军中，皇帝一定会更相信您。"因而萧何听从了他的话，汉王大为高兴。

汉五年（公元前 202 年），杀了项羽后，平定了天下，论功行赏。大臣们争功，过了一年多功劳还决断不下。高祖认为萧何功劳最大，封为酂侯，所享用的封邑很多。功臣们都说："我们这些人，亲自披着坚固的铠甲，手拿锐利的武器，多的身经一百多次战斗，少的几十次，攻城略地，功劳大小各有不同。现在萧何不曾有汗马之劳，只是舞弄文墨，议论事情，没有打过仗，封赏反而在我们上边，为什么？"高祖说："诸位知道猎狗吗？"功臣们说："知道。"高祖说："打猎时追杀野兽、兔子的是猎狗，而发现兽迹、指示野兽处所的是人。现在诸位只能抓到野兽罢了，就像有功的猎狗。至于萧何，能够发现踪迹指示处所，这是有功的人。况且你们只是自己一人跟随我，多的两三人。现在萧何全族几十人都追随我，他的功劳不可以忘记。"大臣们都不敢说话。

① 暴衣露盖：太阳晒着衣服，露宿野外，形容战争艰苦。

【82】

列侯已全部受封，等到上奏位次时，都说："平阳侯曹参身受七十处创伤，攻城略地，功劳最多，应该第一。"皇帝已经使功臣们屈服，封赏萧何认为功劳最大，至于位次，没有什么来再驳回他们，可是心中想让萧何排位第一。关内侯鄂君[1]进言说："大臣们的议论都不对。曹参虽然有野战略地的功劳，这不过是一时的事情。皇上与楚对峙五年，经常丧失军队、流失部众，逃身几次了。可是萧何经常从关中派军队补充缺员，没有皇上的诏令召唤，而在皇上困乏处于绝境时，多次派出几万人马与皇上会合。汉与楚对峙荥阳多年，军队中没有粮食，萧何从关中通过水陆两路运输，供给粮食源源不断。皇上虽然多次丢掉崤山以东，萧何却保全关中以等待皇上，这是万世之功。曹参这样的人，就算少了几百个？汉得到他不一定保全，为什么要把一时的功业凌驾于万世的功业之上啊！萧何应该第一，曹参应该排第二。"高祖说："好。"因此就下令萧何位列第一，赏赐他可以带着剑、穿着鞋上宫殿，入朝不用快步行走。【83】

高祖说："我听说推荐贤人应该受上等赏赐，萧何功劳虽大，有鄂君的讲述他才更彰显。"因此就在鄂君从前所享用的关内侯封邑上，封他做安平侯。这天，萧何父子兄弟十多人全都受封，都有食邑。趁此增封萧何食邑二千户，因为高祖从前去咸阳服徭役时，唯独萧何多奉送他二百钱。

汉十一年（公元前 196 年），陈豨造反，高祖亲自领兵，到了邯郸。叛乱还没有平息，淮阴侯韩信又在关中谋反，吕后采用萧何的计谋，诛杀了淮阴侯，这件事记在《淮阴侯列传》

① 鄂君：鄂千秋，跟随刘邦，后被封安平侯。

【83】

中。高祖已经知道淮阴侯被杀，派遣使者任命萧何为相国，增封食邑五千户，命令士卒五百人、都尉一人做相国的护卫。众人都恭贺萧何，只有召平凭吊。召平是从前秦的东陵侯。秦国灭亡，召平成了布衣平民，生活贫困，在长安城东种瓜，瓜味甜美，因而世人称为“东陵瓜”，召平的封号因此命名。召平对相国说：“您的祸患从此开始了。皇上在外风餐露宿，您在内留守，没有冒生命危险的事情却增加您的封邑安置侍卫，因为现在淮阴侯在关内造反，皇上也怀疑您的忠心了。安置侍卫，不是以此来恩宠您。希望您不要接受，用全部家财来资助军队的用度，这样皇上心中就高兴了。”相国听从了他的计谋，高祖因此大喜。

汉十二年（公元前195年）秋天，黥布造反，高祖亲自领兵攻打他，几次派使者询问相国在做什么。相国因为高祖在军中，就安抚勉励百姓，用全部资产供应军用，像陈豨造反时一样。有客人劝说相国：“您离灭族不久了。您位居相国，功劳第一，能够再增加吗？然而您从初入关中起，深得民心，十多年了，百姓都归附您，您还经常孜孜不倦地去博取人心，皇上之所以多次询问您，是担心您动摇关中。现在您何不压低价钱多买田地来贬损自己呢？这样皇帝的心就会安定。”相国听从了他的计策，皇帝因此大喜。【84】

高祖平息黥布的叛军回来，百姓在路上拦阻上书，陈述相国强行低价购买百姓田产住宅数千万。高祖到了，相国拜见。高祖笑道：“相国竟然从百姓身上渔利。”把百姓所上的书都给了相国，说：“您自己向百姓道歉吧。”相国因而为百姓请求道：“长安地方狭小，上林苑中空地多，闲弃着，

【84】

希望让百姓进去耕种，留下秸秆做禽兽的食粮。”高祖大怒说：“相国大量接受商人的财物，竟然为百姓请求我的苑囿。”于是把相国交给廷尉处置，用刑具囚起来。几天后，王卫尉侍从高祖，上前问道：“相国有什么大罪，陛下这样囚禁他？”高祖说：“我听说李斯做秦始皇的丞相，有善事就归功于君主，有坏事就归罪给自己，现在相国大量接受商人的金钱，却替百姓请求我的苑囿，以此自己向百姓献媚，所以囚禁了他。”王卫尉说：“职责之内的事情，如果有对百姓有利的事情就请求陛下去做，这的确是相国应该做的事情，陛下为什么竟怀疑相国接受了商人的钱呢？况且陛下和楚对峙几年，后来陈豨、黥布谋反，陛下亲自统领兵马前往征讨，这时，相国镇守关中，如果他稍微跺跺脚，整个函谷关以西就不再为陛下所有。相国不在那时谋利，现在竟贪求商人的金钱吗？况且秦因为不知道自己的过失丧失天下，李斯归罪自己，又哪里值得效法呢？陛下为什么怀疑相国用意浅薄呢？”高祖不高兴。这天，派使者持符节赦免了相国。相国年老，平素恭谨，赤脚进宫谢罪，高祖说：“相国免礼吧。相国为百姓请求上林苑，我不答应，这说明我不过是桀、纣那样的君主，而相国是贤相，我先前囚禁相国，是让百姓知道我的过失。”【85】

萧何一向和曹参不友善，到萧何病重时，惠帝亲自探视相国病情，就问道：“假如您百年之后，谁可以代替您呢？”萧何回答说：“没有谁像君主那样了解臣下。”惠帝说：“曹参怎么样？”萧何叩头说：“皇帝得到合适人选了。我死也不遗憾了。”

萧何购置田地住宅一定选在穷地方，营造府邸也不修围

【85】

墙。他说：“后世贤德，学习我的勤俭；后世不贤，田宅也不会被权势之家所侵夺。”

惠帝二年(公元前193年)，相国萧何去世。谥号为文终侯。

萧何的后代有四代人因罪失去侯位，断了封赏，天子就又寻求萧何的后代，续封为酂侯，汉朝的功臣中没有能和他相比的。

太史公说：相国萧何在秦时做刀笔吏，碌碌无为，没有过人的地方。到汉朝兴起，依附日月的余光，萧何谨守要害，趁百姓痛恨秦的法令，顺其自然地与百姓除旧布新。淮阴侯、黥布等都因谋反被诛灭，萧何的功勋显得更加灿烂。他的官位在群臣之上，声名流传后世，可以与周朝的闳夭、散宜生等争辉。

史记卷五十四

曹相国世家

扫描二维码
阅读本篇原文

曹参　韩信　萧何　齐悼惠王　曹窋

平阳侯曹参是沛县人。秦朝时做了沛县的狱掾，萧何做主吏，在沛县是有名望的官吏。

汉高祖做沛公刚起兵时，曹参以中涓的身份随从他。他率军进攻胡陵、方与，攻打秦监郡御史的军队，大获全胜。向东攻下了薛，在薛的外城西边，攻打泗水郡守的军队。接着又进攻胡陵，夺取了它。随即转为防守方与，这时方与反叛帮助魏，曹参就攻打它。丰邑也背叛帮助魏国，曹参同样进攻它。沛公赐曹参七大夫的爵位。曹参在砀地东边攻打秦的司马𡰱的军队，打败了它，夺取了砀地、狐父、祁县的善置驿。又攻打下邑以西，到了虞，进攻秦将章邯的车骑兵。攻打爰戚和亢父时，曹参率先登城。因而升做五大夫。他北上援救阿地，攻击章邯的军队，攻下了阵地，追击到了濮阳。他攻占了定陶，夺取了临济。南下援救雍丘，攻打秦将李由的军队，杀死了李由，俘虏了秦国的一个军候。秦将章邯打败项梁，杀死了他。沛公与项羽领兵东去。楚怀王用沛公做了砀郡长，统领砀郡的军队。因此就封曹参为执帛[1]，号称建成君。后来曹参升为爰戚县令，归附砀郡。

此后，曹参随从沛公攻打东郡郡尉的军队，在成武南部打败了它们。在成阳南边攻打王离的军队，又在杠里攻打他

① 执帛：战国时楚国的官名，或说即“孤卿”。

们，大败王离。曹参追击败兵，向西到了开封，击败秦将赵贲的军队，把赵贲围困在开封城中。接着西进，在曲遇攻打秦将杨熊的军队，打败了他们，俘虏了秦的司马和御史各一人，曹参升为执珪。跟从沛公攻打阳武，攻下了轘辕、缑氏，截断了黄河渡口，在尸地的北边回击赵贲的军队，打败了他们。跟从沛公向南攻打犨，和南阳郡守齮在阳城东部交战，曹参攻破敌阵，夺取了宛、俘虏了齮，全部平定了南阳郡。跟随沛公向西攻打武关、峣关，夺取了二关。进军蓝田南部攻打秦军，又在夜晚攻打它的北部，秦军大败，于是到了咸阳，消灭了秦。

项羽到咸阳后，封沛公为汉王。汉王封曹参为建成侯。曹参跟随汉王到了汉中，升为将军。跟随汉王回师平定三秦。先是进攻下辩、故道、雍、斄。在好畤南攻打章平的军队，击破了它，包围了好畤，夺取了壤乡。在壤乡的东边和高栎攻打三秦的军队，打败了它们。又包围章平，章平放弃好畤逃走。因而攻打赵贲、内史保的军队，打败了他们。向东夺取了咸阳，改名为新城。曹参领兵防守景陵二十天，三秦派章平等进攻曹参，曹参出击，大败敌军。汉王赏赐曹参的食邑在宁秦。曹参以将军身份领兵，在废丘围困了章邯。【86】以中尉的身份随从汉王出临晋关。打到了河内，攻下了修武，渡过围津，向东在定陶进攻龙且、项他的军队，打败了他们。东进夺取了砀、萧、彭城。攻打项羽的军队，汉军大败逃走。曹参以中尉的身份领兵攻取了雍丘。汉将王武在外黄反叛，程处在燕反叛，曹参前往讨伐，全部打败了他们。柱天侯在衍氏谋反，曹参又攻破了衍氏，夺取了它。接着在昆阳攻打

【86】

羽婴，追击到了叶。回师攻打武彊，于是到了荥阳。曹参从在汉中做将军、中尉后，跟随汉王攻打诸侯和项羽，兵败，回到荥阳，一共经历了两年时间。

高祖二年（公元前 205 年），让曹参做了代理左丞相，进入关中屯兵。一个多月后，魏王豹谋反，曹参以代理左丞相的身份，与韩信率军东进，在东张攻打魏将孙遬的军队，大败孙遬，因而进攻安邑，俘虏了魏将王襄。在曲阳攻打魏王豹，追击到了武桓，生擒了魏王豹。夺取了平阳，抓获了魏王豹的母亲、妻室、儿女，最后完全平定了魏，共取得五十二座城。汉王把平阳赐给曹参做食邑。于是曹参又跟随韩信在邬县的东边攻打赵的相国夏说的军队，大败他们，斩了夏说。韩信与原来的常山王张耳领兵东进，攻下井陉，攻打成安君陈馀，而命令曹参回师把赵的别将戚将军包围在邬城中。戚将军出逃，曹参追杀了他。于是领兵到敖仓汉王所在的地方，韩信已经打破了赵国，做了相国，向东进攻齐国。【87】曹参以右丞相的身份受韩信管辖，攻破了齐国的历下军，因而夺取了临菑。回师平定济北郡，攻打著、漯阴、平原、鬲、卢。不久，跟随韩信在上假密攻打龙且的军队，大败他们，斩杀了龙且，俘虏了他的部将周兰。平定了齐国，一共得到七十多个县。俘获了齐王田广的相国田光、代理相国许章，以及从前齐的胶东将军田既。韩信做了齐王，领兵到陈地去，与汉王共同打败了项羽，曹参留下来平定齐国那些没有服从的地方。

项羽死后，天下安定，汉王做了皇帝，韩信改封楚王，齐变成了郡。曹参归还了汉王相印。高帝让长子刘肥做了齐王，让曹参做了齐相国。在高祖六年（公元前 201 年），汉

【87】

王赐给他爵位，朝廷与诸侯剖符，各执一半作为凭证，世世代代不断绝。赐给曹参平阳一万六百三十户作为食邑，称为平阳侯，除去以前所享用的食邑。

曹参以齐相国的身份领兵攻打陈豨的部将张春的军队，打败了他。黥布谋反，曹参以齐相国身份跟随齐悼惠王刘肥率领士兵车骑十二万人，与高祖会合攻打黥布的军队，大败他们，南征到了蕲，回师平定竹邑、相、萧、留。

曹参的功劳如下：一共攻下两个诸侯国，一百二十二个县；俘获诸侯王二人，相国三人，六个将军，大莫敖①、郡守、司马、候、御史各一人。

惠帝元年（公元前195年），废除了诸侯王设相国的例规，改让曹参做了齐的丞相。曹参做齐的丞相时，齐国有七十座城。天下刚平定，齐悼惠王年纪轻，曹参召来所有的长老、儒生，询问安定亲附百姓的方法，遵循齐国以前的习俗。儒生们数以百计，各人说法不一，曹参不知道如何裁定。他听说胶西有一位盖公，精研黄老学说，派人带上丰厚的钱财请他。见了盖公后，盖公说治国的方略贵在清静，这样百姓就会自己安定，如此类推，一一具体陈述。曹参因而让出相府的正堂，让盖公住在那里。他的统治主要采用黄老学说，因而做齐的丞相九年，齐国安定，百姓归附，他被公认为是贤明的丞相。

惠帝二年（公元前194年），萧何去世。曹参知道了，告诉门客赶紧整治行装，说："我将入朝做相国。"过了不久，使者果然征召曹参。曹参离开，叮嘱他的后任相国说：

① 大莫敖：楚国称卿为"大莫敖"。

【88】

“我把齐的狱市交给你了，千万不要去惊扰。”后任丞相说：“统治的道理没有比这更重要的吗？”曹参说：“不是这样，狱市是善恶兼容的地方，如果惊扰它，奸人去哪里容身呢？我因此把这当作首要的事情。”

曹参当初卑微时，和萧何友善，等到他们做了将相，彼此之间就有了仇怨。到萧何快要死时，他所推许的贤人只有曹参。曹参接替萧何做了汉的相国，行事没有变更，全部遵循萧何的规定。【88】

曹参物色各郡国中木讷、不擅文辞、朴实忠厚的官吏，召来做相国的属官。凡是执法行文严格苛刻，想追求名声的官吏，就申斥他们离开。曹参日夜只是饮酒。卿、大夫以下的官吏和宾客见曹参不理政事，来求见，都想有所进谏。但只要有人来，曹参就让他喝酒，过了一会儿，又想有所进谏，又让他喝酒，到喝醉后离开，始终没机会开口，这样的事情是常有的。

丞相住处的后园靠近吏人的住处，吏人的住处里每天饮酒歌唱，大声欢呼。曹参的随从官吏讨厌这样，但对此没有办法，就请曹参游后园，让他听到吏人酒醉歌唱、大声喊叫的声音，希望相国召来他们加以整治。但曹参竟然取酒设座宴饮，也唱歌欢呼，与他们相应和。【89】

曹参见人有小过失，总是替人隐瞒，因此丞相府中无事。

曹参的儿子曹窋做中大夫，惠帝奇怪相国不理政事，认为曹参：“莫不是瞧不起我？”就对曹窋说：“你回去，找机会试着私下问你的父亲：‘高帝刚刚离开大臣们，皇帝年幼，您做丞相，每天饮酒，无所事事，怎样为天下事辛劳的呢？’

【89】

但不要说是我让你这样做的。”曹窋休假回家，得机会侍奉父亲，用自己的话来劝谏曹参。曹参动怒，鞭打曹窋二百下，说：“赶快进宫侍奉，天下大事不是你应当说的。”到了上朝时，汉惠帝责备曹参说：“您把曹窋怎么样了？那是我让他劝谏您的。”曹参脱帽谢罪说：“陛下自己体察圣明，您的英明神武与高祖相比怎么样？”惠帝说：“我哪里敢和先帝比呢？”曹参说：“陛下看我的才能与萧何相比哪一个贤能？”皇帝说：“您好像不如他。”曹参说：“陛下说得对。况且高帝和萧何平定天下，法令已经严明了，现在陛下垂袖拱手统治天下，我等谨守职分，遵循法度不更改，不也可以吗？”汉惠帝说：“好，就到这里吧。”

曹参做汉的相国，一共三年，他去世后，谥号是懿侯。儿子曹窋继承了平阳侯的爵位。百姓歌颂他说：“萧何立法，公平严明；曹参接替，遵守不改。国家清静无为，百姓因此安宁统一。”【90】

平阳侯曹窋，高后时做了御史大夫。汉文帝继位，免除了他的官职，只是做平阳侯，在位二十九年去世，谥号为静侯。儿子曹奇继位，在位七年去世，谥号是简侯。儿子曹时继位。曹时娶了平阳公主，生了儿子曹襄。曹时生了恶疮，回到封国，在位二十三年去世，谥号为夷侯。儿子曹襄继位。曹襄娶了卫长公主，生了儿子曹宗，曹襄在位十六年去世，谥号为共侯。儿子曹宗继位。汉武帝征和二年（公元前 91 年），曹宗因为太子的事牵连被杀，封国被除去。

太史公说：曹相国攻城野战的功劳之所以能如此多，是

【90】

因为跟着淮阴侯一同作战。等到韩信被杀后，因战功被封侯者，只有曹参独享其名。曹参做汉的相国，清静无为，被认为最合乎道家的法则。百姓遭受秦的苛政后，曹参让百姓休养生息，清静无为，所以天下都称颂他的美名。

知识拓展

富于春秋

释义：指年少，年轻。

出处：《史记·曹相国世家》："天下初定，悼惠王富于春秋，参尽召长老诸生，问所以安集百姓如齐故俗，诸儒以百数，言人人殊，参未知所定。"

史记卷五十五

留侯世家

扫描二维码
阅读本篇原文

张良　秦始皇　项伯　项羽　吕后　张不疑

留侯张良，他的祖先是韩国人。祖父张开地做过韩昭侯、宣惠王、襄哀王的相国。父亲张平做过韩釐王和悼惠王的相国。韩悼惠王二十三年（公元前250年），张平去世。他去世后二十年，秦国灭亡了韩国。当时张良年轻，不曾在韩国做官。韩国灭亡后，张良家中有三百奴仆，弟弟死去，张良从简而葬，他倾尽家财寻求刺客刺杀秦王，替韩国报仇，因为他的祖父、父亲做过韩国的五代相国。

张良曾经在淮阳学礼，到东方拜见过仓海君。他找到了一名大力士，打造了一个重一百二十斤的铁锤。秦始皇巡游东方，张良和力士在博浪沙伏击秦始皇，铁锤误中了一辆随行的车子。秦始皇大怒，命令在全国搜捕刺客，追查得很紧，这全是因为张良策划了这次谋刺。张良因此改名换姓，逃亡到下邳隐匿起来。

张良曾经闲暇时在下邳桥上散步。有一位穿着粗布短衣的老人走到张良面前，故意把鞋子掉到桥下，老人回头看着张良说："小子，下去替我把鞋子拾起来！"【91】张良惊愕了，想打他，因见他年老，强忍着没动手，就下去拾鞋子。老人又说："给我穿上鞋！"张良已经替他拾回了鞋，就挺直腰身跪着给他穿鞋。老人伸着脚，让张良给他穿鞋，之后，老人大笑而去。张良分外吃惊，目送着老人。老人离开约一

【91】

【92】

里地，又回来了，对张良说：“年轻人值得教导。五天后天明时，在这里与我见面。”张良感到奇怪，恭敬地说：“是。”五天后黎明时，张良去那里，老人已经先到了。他生气地说：“你与老年人约会，反而后来，为什么？”【92】老人离开时说：“五天后再早点来见面吧！”五天后鸡鸣时，张良去那里，老人又先他到了。老人生气地说：“又比我后到，为什么？”老人离开了，说：“五天后再早点来吧。”五天后，张良不到半夜就去了那里。过了片刻，老人也来了，高兴地说：“就应该像这样。”老人拿出一本书，说：“读了它就可以做帝王的老师了。十年后将有王者兴起。十三年后你来济北见我，穀城山下的那块黄石就是我。”说完就离开了，没有留下别的话，从此张良再也没有见到他。【93】天亮后，张良一看那本书，原来是《太公兵法》[①]。张良因此格外珍视这本书，经常温习诵读。

张良居住在下邳时，行侠仗义。项伯曾经杀了人，跟随张良藏匿避祸。

十年后，陈涉等人举兵起义。张良也聚集了一百多个青年。景驹在留自立为楚假王，张良想去追随他，在路上遇见了沛公。沛公统领着数千人马，攻占下邳以西的地方，于是张良归附了他。沛公任命张良做厩将。期间张良多次用《太公兵法》中的策略来说服沛公，沛公很赏识，经常采纳他的说法，张良向别人进言，他们都不能领悟。张良说：“沛公大概是天命之人。”因此，张良就跟从了沛公，不去见景驹了。【94】

沛公到薛邑，会见项梁。项梁拥立了楚怀王。张良于是

---

①《太公兵法》：相传是姜太公所著兵书。

【93】

劝说项梁道："您已经拥立了楚国的后代，韩国的公子中横阳君韩成贤德，可以立他为韩王，这样可以多树一些同道的人。"项梁派张良找到韩成，立他为韩王，让张良做韩国的申徒[①]，随同韩王带领一千多人向西攻取韩国原有的土地，攻下了几座城，但秦军总是马上又夺了回去。这样，韩军成了游兵，在颍川东奔西走。

沛公从洛阳向南穿过轘辕山时，张良领兵随从沛公，攻下了韩地十几座城邑，打垮了杨熊的军队。沛公于是让韩王韩成留守阳翟，自己与张良一起向南开拔，攻下了宛，往西进入了武关。沛公想用两万人马攻打秦在峣关的守军，张良进谏说："秦军还很强大，不可轻视。我听说峣关将领是屠户的儿子，做买卖的小人容易被利益打动。希望沛公暂且留下坚守营垒，让一部分人先行一步，准备五万人的粮食，多在群山上打些旗帜，作为疑兵，同时，让郦食其带着贵重宝物去收买秦军将领。"秦将果然背叛秦朝，想与沛公的军队联合在一起西进袭击咸阳。沛公打算听从秦将的要求，张良说："这只不过是秦军将领想背叛，恐怕士兵们不服从。如果士兵不从，肯定很危险，不如趁现在秦军松懈时进攻他们。"沛公因此领兵攻打峣关，大败秦军。沛公追击败兵到了蓝田，再次交锋，秦兵终于失败。沛公的军队到了咸阳，秦王子婴投降了沛公。【95】

沛公进了秦的宫殿，秦的宫室、帷帐、犬马、贵重宝物、妇女数以千计，沛公想留下来住在宫里。樊哙劝沛公离开秦宫，沛公不听。张良说："秦违背王道，所以沛公能够到这

① 申徒：即司徒。

【94】

里。既然您为天下人消除暴君，就应该以崇尚俭朴作为号召。现在刚进咸阳，就安于享乐，这正是‘助桀为虐’。况且忠言不顺耳但有利于行动，药味苦口有利于治病。希望沛公听从樊哙的话。”沛公这才领兵撤回，军队驻扎在霸上。【96】

项羽到了鸿门，准备攻打沛公。项伯夜晚骑马到了沛公的军中，私下会见张良，想让张良和他一起离开。张良说：“我受韩王之托护送沛公，现在情况紧急，逃走不合道义。”因此张良详细地把情况告诉了沛公，沛公大为吃惊，说：“将怎么办呢？”张良说：“沛公真想和项羽作对吗？”沛公说：“有个无知的小子劝我把守关口不让诸侯进来，说这样秦地可以全部归我统治，所以听从了他的意见。”张良说：“沛公您估计能使项羽退兵吗？”沛公沉默好久，最后说：“当然不能够，现在怎么办呢？”张良于是邀请项伯面见沛公。沛公和项伯一起饮酒，并为他祝寿，结为亲家。沛公托项伯对项羽说他不敢和项羽作对，之所以派兵把守关口，是为了防止别的强盗进出。刘邦见到项羽后，两人和解了。这些事情详细记述在《项羽本纪》中。

汉王元年（公元前 206 年）正月，沛公被封为汉王，统治巴、蜀地区。汉王赐给张良黄金一百镒、珠宝二斗，张良把它们都献给了项伯，汉王也想通过张良给项伯送厚礼，让项伯为汉王向项羽求得汉中封地。项羽答应了，汉王得到了汉中。汉王到自己的封地去，张良送行到褒中。汉王让张良回到韩地去，张良劝汉王说：“大王为何不烧掉所经过的栈道？让天下人知道你没有东还的心思，以此稳定项王的心。”汉王于是让张良回去了。汉王行进，把经过的栈道都烧了。

【95】
沛

张良到了韩，因为韩王成让张良跟随汉王，项羽不让韩王成到封国去，让他随行一起往东方去。张良对项羽说：“汉王烧掉了栈道，没有回来的心思。”张良于是把齐王田荣造反的事，用文书报告了项羽。项羽因此不再担心西边的汉王，调集军队往北攻打齐。

项王终究不肯让韩王成离开去封地，把他贬为侯，后来又在彭城杀害了他。张良从小路逃走，投奔汉王。汉王这时已平定了三秦，封张良为成信侯，随汉王攻打楚。【97】到了彭城，汉王的军队失败回撤。到了下邑，汉王下马坐在马鞍上问：“我想用函谷关以东的地方让封赏别人，有谁可以与我共建大业？”张良说：“九江王黥布，曾是楚的猛将，与项王有仇怨；彭越在梁和齐王田荣一起造反，这两人可以立即派人联络。汉王将领中只有韩信可以托付大事，独当一面。假如想分封关东地区，就封给这三人，楚就可以消灭了。”汉王于是派随何游说九江王黥布，又派人联合彭越。到了魏王豹造反时，汉王派韩信领兵攻打，趁势攻打燕、代、齐、赵，汉王最后能消灭楚，是这三个人的力量。

张良体弱多病，没有单独统领兵马，经常是作为谋臣献计献策，时时随从汉王左右。

汉王三年（公元前204年），汉王被项羽围困在荥阳，汉王恐惧忧虑，和郦食其商量制服楚的计谋。郦食其说：“从前，商汤讨伐夏桀，把杞封给夏的后代；武王讨伐商纣王，把宋封给商的后代。现在秦背信弃义，侵犯诸侯的江山，灭绝六国的后代，致使他们没有立锥之地。陛下如果能再立六国的后代为王，他们接受印玺以后，六国的君臣百姓一定对

【96】

陛下感恩戴德，无人不向往、仰慕陛下的德行，愿意做您的臣民。德行施行以后，陛下南面称霸，项羽一定恭敬顺从前来朝拜。”汉王说：“很好，赶紧刻印玺，先生去时可以带着它们。”

郦食其还没有出发，张良从外面回来拜见汉王。汉王正在吃饭，对张良说：“子房快过来，有客人向我献计可以使楚屈服。”汉王把郦食其的话详细地告诉了张良，并问：“子房，你认为怎么样？”张良说：“是谁替陛下出这个主意的？陛下的大事不成了。”汉王问：“为什么？”张良回答说：“请允许我借用您面前的筷子替大王筹划一下。”【98】张良说：“从前，商汤讨伐夏桀后，把杞封给商的后代，那是想到能够置夏桀于死地，现在陛下能够置项羽于死地吗？”汉王说：“不可以。”“这是第一个不可以。周武王讨伐商纣王后，把宋封给商的后代，那是因为有把握能得到商纣王的人头。现在陛下能得到项王的人头吗？”汉王说：“不能够。”“这是第二个不可以。周武王进入殷，给商容住所的里门加标志以示表彰，把箕子从监狱中释放出来，给比干的墓加高培土。现在陛下能给圣人的墓加高培土，在贤人的住所里门加标志以示表彰，车子经过智者的门前时向他表示敬意吗？”汉王说：“不能够。”“这是第三个不可以。周武王发放钜桥的粟米、鹿台的钱，用来赏赐穷困的人，现在陛下能开仓济贫吗？”汉王说：“不能。”“这是第四个不可以。推翻商朝的事完成以后，周武王废弃兵车改为乘车，倒放干戈用虎皮盖起来，让天下人知道不再使用兵器了，现在陛下能弃武用文，不再使用兵器吗？”汉王说：“不能。”“这

【97】

是第五个不可以。周武王让战马在华山南边休闲，向人们表示不再用战马了，现在陛下能让战马休闲不用吗？”汉王说：“不能。”“这是第六个不可以。周武王把牛散放在桃林的北边，以示不再用牛运输辎重，陛下能把牛放开不用，不再运输辎重吗？”汉王说：“不能。”“这是第七个不可以。而且天下游士离开家人亲戚、背井离乡、离开朋友，跟随陛下做游士，只不过日夜想得到咫尺之地的封赏。现在如果恢复六国，立韩、魏、燕、赵、齐、楚的后代为王，天下游士各归其国侍奉他们的君主，和家人亲戚在一起，回到朋友身边，回到祖坟所在地，陛下和谁去夺取天下呢？这是第八个不可以。况且没有谁比楚更强大，新立的六国又屈从于楚，陛下怎能够使他们臣服？如果真采纳了客人的建议，陛下的大事不成了。”汉王停下筷子不吃了，吐出口中的食物，骂道：“这个混蛋儒生，差点坏了我的大事。”下令赶快销毁印玺。

汉王四年（公元前 203 年），韩信攻破齐，因而想自立为齐王，汉王恼怒。张良劝说汉王，汉王派张良为使者授予韩信齐王印玺。这件事详细记在《淮阴侯列传》中。

这年秋天，汉王追击楚军到了阳夏南部，战事不利，因而坚守固陵营垒，诸侯违约没有来助战。张良劝说汉王，汉王采用了张良的计策，诸侯都来了。这件事详细记在《项羽本纪》中。

汉王六年（公元前 201 年）正月，给功臣颁行封赏。张良不曾有过带兵打仗的功劳，高帝说：“运筹决策于帷帐中，决胜于千里外，这是子房的功劳。你自己选择齐地的三万户作为封邑。”【99】张良说：“我从下邳初起事起，在留第

【98】

一次与陛下会面。这是天把我交给陛下，陛下采用我的计策，侥幸常常成功。把留封给我，我就心满意足了，我不敢领受三万户的封邑。”于是封张良为留侯，与萧何等人一起得到封赏。

高祖已经封了二十多个大功臣，其余的日夜争功，不能定夺，封赏进行不下去了。高祖在洛阳南宫，从临空的通道上望见众将领坐在沙地里悄悄地说话，高祖问：“这些人说什么呢？”留侯说：“陛下不知道吗？这是在谋反。”高祖说：“天下归于安定，为什么要造反呢？”留侯说：“陛下出身平民，依靠这些人夺取天下，现在陛下贵为天子，可是受封赏的都是萧、曹等故人亲信，被诛杀的都是平生仇怨的人。现在军吏计算军功，认为把整个天下拿来封赏恐怕也不够，这些人担心不可能都得到封赏，又害怕因为以前的过失被猜疑因而获死罪，因此就聚集密谋造反。”高祖于是忧虑地说：“怎么办？”留侯说：“陛下平生所痛恨的人，大家都知道的哪个最突出？”高祖说：“雍齿与我有宿怨，曾多次窘迫我、羞辱我，我想杀他，因为他功劳多，因此又不忍心。”留侯说：“现在赶紧先封雍齿让群臣知道，群臣见雍齿被封，就会人人心中安定了。”高祖因此设酒宴，封雍齿为什方侯，并急切地催促丞相、御史论功行赏，群臣喝完酒后，都高兴地说：“雍齿尚且被封为侯，我们这些人不必担心了。”

刘敬劝说高祖“定都关中”。高祖犹疑不决，左右大臣都是山东人，大多劝高祖定都洛阳，说：“洛阳东有成皋，西边有崤山、渑池，背依黄河，面向伊河、洛河，形势险要，可以凭借。”留侯说：“洛阳虽然有这些险阻，但是它的中

【99】

间狭小，不超过几百里，田地也贫瘠，四面受敌，这里不是用武之地。关中左有崤山、函谷关，右边是陇山、岷山，沃野千里，南有富饶的巴、蜀，北有胡地的林苑，三面险阻可以固守，独向东开一面，控制诸侯。诸侯安定，黄河、渭河的漕运可以带来天下的钱粮物品，供给长安。一旦诸侯反叛，顺流东下，足以运输军需给养，这就是所谓‘千里金城，天府之国’。刘敬的意见是对的。”因此高祖当日起驾，向西定都关中。【100】

留侯随从高祖进入函谷关，他生性多病，于是就静居养气，不食五谷，有一年多闭门不出。

高祖想废弃太子刘盈，立戚夫人生的赵王如意为太子。大臣们多次进谏阻止，但没有人能够改变高祖的决心，吕后惶恐不安，不知道如何是好。有人对吕后说：“留侯善于出谋划策，皇上信任他，听从他的意见。”吕后于是让建成侯吕泽挟持了留侯，说：“您曾经做皇上的谋臣，现在皇上想改立太子，您怎么能高枕而卧呢？”留侯说：“当年皇上多次身在困厄危急之中，皇上垂幸采用我的计谋，现在天下安定，皇上因为偏爱想改立太子，这是骨肉之间的事情，我们做臣下的，即便有百余人又有什么用呢？”吕泽坚决请求说：“替我出个主意吧。”留侯说：“这种事情难于以口舌争辩说服皇上。但是，普天之下，有四位贤者皇上不能召来，这四个人年事已高，都认为皇上慢待欺侮臣下，因此逃亡隐匿在山中，坚持气节，不做汉朝的臣子。然而，皇上非常看重这四人。现在如果您真能不吝惜金、玉、璧、帛，让太子写一封信，言辞谦卑，备上舒适的座车，并派辩士邀请，他们

【100】

应该会来。来以后，把他们当作客人，常常让他们随太子入宫朝见皇上，让皇上看见他们，皇上一定会感到奇怪并询问原因。皇上一问，就会知道这四个人贤德，这也许是一个有助于稳固太子地位的办法。”因此吕后命令吕泽派人带着太子的书信，言辞谦卑，礼物丰厚，恭迎四位贤者出山。四人到后，就以贵客的身份住在建成侯那里。【101】

汉十一年(公元前196年),黥布谋反,高祖因病不能统兵，想让太子做统帅去攻打黥布。四位贤者商量说：“我们之所以来这里，是要保全太子，太子统率军队，事情就会很危险了。”于是他们劝谏建成侯说：“太子领兵，有功的话，不会带来好处，无功而还就会因此受害。况且与太子一起去征讨的众将领，都是曾经与皇上一起安定天下的猛将，现在让太子统率他们，这无异于让羊来统率狼，他们都不会愿意尽心尽力，太子无功而还是肯定的了。我听说：‘母亲受宠幸，所生的孩子必定受抚爱。’现在戚夫人日夜侍奉皇上，常抱着赵王如意亲近皇上，皇上说：‘无论如何不会让不肖之子位在爱子之上。’赵王要替代太子的位置已经很明显了。您为什么不赶紧请吕后找机会在皇上面前哭诉：‘黥布是天下的猛将，善于用兵，现在众将领都是陛下的旧日同辈，竟然让太子统率这些人，这无异于让羊领着狼，他们肯定不会听从太子的调遣。况且，假如黥布听说这件事，他一定会击鼓行军、向西进犯的。皇上虽然生病了，仍可以勉力乘坐辎车躺着护持太子，诸将不敢不尽力。皇上虽然勤苦，为妻子儿女着想，还能撑一撑。’”因此，吕泽马上夜见吕后，吕后趁机向皇帝哭诉，全按照四人的意思做了。高祖说：“我想

【101】

这小子本来就不能够让他领兵，还是老子自己亲征吧。”于是高祖亲自领兵向东进发，留守的群臣都送行到霸上，留侯生病，勉强起来到曲邮见皇上，说：“我应该随从皇上，但病得太厉害了。楚人迅捷勇猛，希望皇上不要与他们硬拼。”于是劝皇上说：“下令让太子做将军，监督关中的军队。”高祖说：“子房虽然患病，勉强躺着做太子的师傅吧。”这时，叔孙通做太子太傅，留侯履行太子少傅的职责。

汉十二年（公元前195年），高祖击破黥布的叛军，回师以后，病情严重了，更想改立太子了。留侯进谏，高祖不听，高祖因病不能料理政事。太傅叔孙通援引古今据理力争，并以死争保太子。高祖假装应允，实际还想改立太子。到宴会时，设置酒席，太子侍奉高祖，四位贤者随从太子也来了，他们年纪都八十多了，胡须、眉毛皎洁雪白，衣冠华丽。高祖对此感到奇怪，问：“那是些什么人？”四个人前来答话，各自报了姓名，他们叫东园公、角里先生、绮里季、夏黄公[①]。高祖大吃一惊，说：“我寻找你们多年，你们逃避不见，现在你们为什么自己来和我的儿子交往呢？”四个人都说：“陛下轻视士人，好骂人，我们讲气节不受羞辱，因此害怕陛下，逃走藏匿起来。我们听说太子为人仁慈孝悌，恭敬爱重士人，天下人没有不想伸长脖子争着为太子效力的。因此我们来了。”高祖说：“烦请你们善始善终护持太子。”【102】

四人祝完寿以后，快步离去，高祖目送他们走开，召来

① 东园公、角里先生、绮里季、夏黄公：秦末汉初隐居在商山的四位名士，称为“商山四皓”，后辅佐汉惠帝登位。

戚夫人把四人指给她看，说：“我想改立太子，那四人辅佐太子，太子羽翼已成，难以变动了。吕后真要成为你的主子了。”戚夫人哭了。高祖说：“为我跳楚的舞蹈，我为你唱楚的歌曲。”高祖唱道：“鸿鹄高飞，一飞千里。羽翼已成，遨游四海。遨游四海，不能奈何。虽有弓箭，还有何用？”唱了几遍，戚夫人听得叹息流涕，高祖起身离开，中止了酒宴。高祖最终没能改立太子，这是留侯先前召来四人效力的原因。【103】

留侯跟随高祖攻打代，献了一个奇妙的计策，攻下了马邑。等到劝立萧何为相国，张良向高祖纵论天下事情还有很多，事情无关于天下兴亡，就不论述了。留侯于是自明心迹说：“我家世代做韩的相国，等到韩国灭亡，我不惜耗资万金，替韩向强秦报仇，天下为此震动。现在我凭三寸不烂之舌做帝王的老师，封万户侯，这种富贵是平民百姓的顶点，对我来说，已心满意足了。我希望放弃人间的事情不闻不问，随从赤松子遨游四方。”因此张良学习道家的辟谷之术，想要平地飞升。恰逢高祖驾崩，吕后感激留侯，因此强迫张良进食，说：“人生一世，像白驹过隙，哪里至于像这样自找苦吃呢？”留侯不得已，勉强听从，恢复进食。

再过八年，留侯去世，谥号为文成侯。张良之子张不疑继承侯位。

当初，张良在下邳桥上见到的那位给他《太公兵法》的老人，十三年后，张良随从高祖经过济北，果然见到了穀城山下的黄石，张良取来珍藏供奉。张良死后，把黄石也一起随葬。每次上坟，伏日、腊日祭祀张良时，也同时祭祀黄石。

留侯张不疑，在孝文帝五年（公元前175年）因犯不敬罪，封国被废除。

太史公说：学者们常说没有鬼神，但又说有怪物。至于像留侯所见的老人授天书的事，也真值得人奇怪了。高祖多次受困，留侯张良常常在这时立下奇功，难道可以说没有天意吗？高祖说："运筹帷幄，决胜千里，我不如张良。"我以为张良生得魁梧奇特，直到看见他的画像，发现他的外貌像妇人、美女。大概就是孔子说的："根据容貌来判断人，我就看错过子羽[1]。"留侯也可以这么说吧。

① 子羽：姓澹台，名灭明，字子羽，相传他貌丑但贤德。

知识拓展

不知所为

释义：不知道该怎么办，犹言无计可施。

出处：《史记·留侯世家》：“上欲废太子，立戚夫人子赵王如意。大臣多谏争，未能得坚决者也。吕后恐，不知所为。”

羽翼已成

释义：鸟的羽毛和翅膀已长全。比喻力量已经巩固。

出处：《史记·留侯世家》：“我欲易之，彼四人辅之，羽翼已成，难动矣。”

金城千里

释义：指辽阔的国土坚城环绕，险固可靠。

出处：《史记·留侯世家》：“夫关中左崤函，右陇蜀，沃野千里……此所谓‘金城千里，天府之国’也，刘敬说是也。”

孺子可教

释义：指年轻人有出息，可以把本事传授给他。

出处：《史记·留侯世家》：“父以足受，笑而去。良殊大惊，随目之。父去里所，复返，曰：‘孺子可教矣。’”

史记卷五十六

陈丞相世家

扫描二维码
阅读本篇原文

陈平　魏无知　韩信　吕后　王陵

丞相陈平是阳武户牖（yǒu）乡人。少年时家里贫穷，喜欢读书，有三十亩田，独身一人和哥哥陈伯住在一起。陈伯平时耕田，听凭陈平外出求学。陈平长得身材高大，容貌俊美。【104】有人对陈平说：“家贫为何吃得这么胖？”他嫂子恼火陈平不管家里的生计，说：“也是吃糠啊，有这样一个小叔子，不如没有。”陈伯知道了，赶走了他的妻子，休了她。

等到陈平成年，应该娶妻了，富人家没有人愿意把女儿嫁给他，穷人家的女儿陈平又耻于迎娶。很久后，户牖有个富人叫张负，他的孙女嫁了五次，每次一嫁去丈夫就死了，没有人敢再娶她。陈平想得到她，邑中有丧事，陈平因为家贫，就去帮人料理丧事，先去后走，多赚报酬补贴家用。张负在料理丧事的地方见到了他，看中了陈平英伟，陈平也故意最后离开。张负随陈平到了他家，发现他家靠着外城穷巷，用破席子做门，然而门外有很多长者所乘坐的车的车辙。张负回去，对他的儿子仲说：“我想把孙女嫁给陈平。”张仲说：“陈平贫困还不做事，县中人都取笑他的所作所为，为什么独独把女儿嫁给他呢？”张负说：“哪有像陈平这样容貌俊美的人永远贫贱的？”最终把孙女嫁给了他。因为陈平家贫，就借钱给他送聘礼，给他买酒肉的钱，让他娶妻。张负告诫

【104】

他的孙女说：“不要因为贫困就侍奉人不恭谨。侍奉哥哥陈伯要像侍奉父亲，侍奉嫂子要像侍奉母亲。”陈平娶了张氏的女儿之后，资产更加宽裕，交游日益广泛。

里巷举行祭祀土地神，陈平主持分祭肉，分肉食很均匀，父老都说：“好，陈家的小子真会做主持分祭肉的人。”陈平说：“哎，让我能够主宰天下，也会像宰这祭肉一样公平。”【105】

陈胜起兵做了陈王、派周市平定魏地，立魏咎为魏王，与秦军在临济互相攻打，陈平本来先前已经辞别了他哥哥陈伯，带着一批青年前往临济侍奉魏王咎。魏王咎让他做太仆。陈平劝说魏王，魏王不听从。又有人谗毁陈平，他就离开了。

很久以后，项羽攻取土地到了黄河上，陈平前往归附他，跟随他进入秦，攻破了秦王朝，赏赐陈平卿的爵位。项羽去东方，在彭城称王，汉王回去平定三秦并向东发展，殷王司马印反叛楚国。项羽就用陈平做信武君，率领魏王咎留在楚的谋士前往，打败降服殷王回来了。项羽派项悍授陈平为都尉，赐给黄金二十镒。过了不久，汉王攻下了殷。项羽发怒，将要杀死平定殷的将士。陈平担心被杀，就把黄金和印玺包好，派使者送回给项羽，自己从小道带剑逃走。渡黄河，船夫见他是俊美的男子，独自行走，怀疑他是逃亡的将领，应当有金玉宝器，想杀掉他。陈平害怕，就脱光衣服帮助他撑船，船夫知道他没有钱财，就没伤害他。

陈平到修武投奔了汉，通过魏无知求见汉王，汉王召他进去。这时万石君石奋做汉王的中涓，接受了陈平的拜谒，让陈平进去见汉王。陈平等七人都进去了，汉王赐给

【105】

他们食物。汉王说："吃完后，到客舍去休息。"陈平说："我是为做事而来，所说的话不可以拖过今天。"因此汉王和他交谈，很高兴，问道："你在楚国做什么官？"陈平说："做都尉。"这天就任命陈平做都尉，让他做了参乘，掌管监督军队的行动。将领们都喧哗，说："君王得到楚国逃兵才一天，还不知道他的本领大小，就和他同车，反而让他监督资历老的将领。"汉王听说了，更加亲近陈平。因此与他一起向东攻打项羽。结果到了彭城，被楚国打败。汉王领兵回来，收拢散兵到了荥阳，用陈平做副将，归属韩王信，屯驻广武。【106】

绛侯周勃、灌婴等人都进陈平的谗言说："陈平虽然是俊美的男子，只不过像帽子上的玉罢了，内里未必有什么。我听说陈平在家时，和嫂子通奸，侍奉魏王不能容身，逃到楚国；逃到楚不受信用，又逃到汉。今天君王器重他，让他做官，让他监督军中将领，我听说陈平接受将军们的金钱，送钱多的人得到好待遇，送钱少的人得到坏待遇。陈平是反复无常的乱臣，希望君王明察他。"汉王怀疑陈平，召来魏无知责问他。魏无知说："我向您推荐他是因为他的能力，陛下所问的是品行。如果空有尾生①、孝己②的品行，而对于胜负的变数没有益处，陛下哪里会用他呢？楚、汉相抗衡，我推举的是有奇异谋略的人，考虑的是他们的计谋是否确实有利于国家。况且传言他和嫂子通奸以及接受贿赂的事，哪

---

① 尾生：传说中守信用的人，与一女子相约桥下相会，他在桥下等候，桥下涨水，他抱着柱子不肯走，坚持等待到被淹死。

② 孝己：商王武丁的儿子，孝顺父亲。

【106】

里值得怀疑他的忠心呢？”汉王召来陈平责问说：“先生替魏办事不被信用，于是侍奉楚，之后又离开了，现在跟从我，讲信义的人会像您这样心思很多吗？”陈平说：“我侍奉魏王，魏王不能够接受我的劝说，因此离开他去侍奉项王。项王不信任人，他所任用和宠爱的人，不是同族就是妻子的兄弟，即使有奇士也不被任用，我因此离开楚国。听说汉王能够用人，就来归附君王，我只身一人前来，不接受金钱没有什么作为用度。假如我的计策有值得采用的，希望君王采用；假使没有值得采用的，金子都送给官府，我可以请求告老还乡。”汉王因而道歉，重重赏赐，用他为护军中尉，监督所有的将领。将领们就不敢再说什么。【107】

此后，楚国急切进攻，断绝了汉的甬道，把汉王围在荥阳城。很久之后，汉王忧虑，请求割让荥阳以西来讲和①。项羽不答应。汉王对陈平说：“天下纷纷扰扰，何时才能安定呢？”陈平说：“项王为人，恭敬爱人，廉正有节操、喜好礼义的人多归附他。到了论功赏爵封邑的时候，项王看重这些，舍不得给人，士人也就因此不依附。现在君王怠慢行事、缺少礼节，廉正有节操的人不来；然而君王能分封爵位封邑来使人富足，顽钝好利无耻的人也多来归依汉，假如各自去掉短处，发扬长处，只要旌旗一挥，天下就安定了。然而君王恣意侮辱人，不能够得到廉正有节操的人。我看楚军内部有可以挑起矛盾的地方，那些项王的股肱之臣亚父、钟离眛、龙且、周殷等人，只不过几个罢了。君王如果能拿出几万斤黄金，施行反间计，离间他们君臣，以使得他们心中猜疑，

① 此处疑误，应为以荥阳为界，荥阳以东属于项羽，荥阳以西属于刘邦。

【107】

项王为人心中猜忌听信谗言，一定会内部互相争斗。汉再趁机举兵攻打，一定能消灭楚。”汉王认为他说得对，就拿出四万斤黄金给了陈平，任他所为，不问他钱的用处。

陈平在楚军中多用金钱施行反间计。声言将领们如钟离昧等做项羽的部将，功劳很多了，然而最终不能分封土地称王，因此想和汉联合，来灭掉项氏分割土地做王。项羽果然心中不信钟离昧等人。项羽已经怀疑他们，派使者到汉去，汉王为他准备了猪、牛、羊，端了进来，看见楚王的使者，就假装吃惊地说：“我以为是亚父的使者，竟然是项王的使者。”又拿走了，换上了粗劣的食品，进献给楚的使者，楚的使者回去，详细地报告了项王。项王果然大为怀疑亚父，亚父想赶紧攻下荥阳城来表达忠心，项王不信，不肯听从。亚父知道项王怀疑他，就生气地说：“天下大势已定了，君王好自为之，希望让我告老回去。”亚父回乡还未到彭城，因背上生了一个毒疮而死。陈平就在夜里让两千个女子出荥阳城东门，楚因而攻击，陈平就与汉王从城西门半夜逃跑了，随即进入了函谷关，收集散兵又向东进发。

第二年，淮阴侯打败了齐，自立为齐王，派使者报告汉王。汉王大怒痛骂，陈平用脚踩汉王。汉王立即明白了，就优厚地款待齐的使者。派张良去立韩信为齐王。把户牖乡封给了陈平。汉王用他的奇妙计策，终于灭了楚。陈平曾经以护军中尉的身份跟从汉王平定了燕王臧荼的叛乱。

汉六年（公元前 201 年），有人上书告发楚王韩信谋反。高祖问将领们，将领们说：“赶紧派兵活埋了这小子。”高祖默不作声，问陈平，陈平坚决推辞说：“将领们说什么？”

高祖详细告诉他。陈平说：“有人上书说韩信谋反，有别人知道这事吗？”高祖说：“没有。”陈平又问：“韩信知道吗？”高祖说：“不知道。”陈平说：“陛下的精兵与楚相比怎么样？”高祖说：“不能超过。”陈平说：“陛下将领中，用兵有能超过韩信的吗？”高祖说：“没有比得上的。”陈平说：“现在兵不如楚国的精锐，将领比不上韩信，却举兵攻打它，这就促使他起兵。我暗暗为陛下感到危险。”高祖说：“那怎么办呢？”陈平说：“古代天子巡狩，会合诸侯。南方有云梦，陛下可以出行假装游览云梦，在陈会合诸侯。陈是楚的西部边界，韩信听说天子是和平出游，一定不会有所戒备地来郊野迎接谒见。来谒见时，陛下乘机擒住他，这不过是一个力士的事情罢了。”高祖认为很对，就派使者告诉诸侯在陈会合，说：“我将南游云梦。”高祖便出发。出行还没有到陈，楚王韩信果然去郊外道路迎接。高祖预先准备了武士，看见韩信到了，就把他捆绑了起来，装在后车中。【108】韩信大叫说：“天下已安定，我本来就该被烹杀了。”高祖回头对韩信说：“你不要喊了！你谋反，已经真相大白了。”武士反绑着他的两手。于是在陈会合诸侯，彻底平定了楚。回到洛阳，赦免韩信，让他做了淮阴侯，并给功臣分符节确定封赏。

高祖给陈平分符节，世世不绝，做户牖侯，陈平辞谢说：“这不是我的功劳。”高祖说：“我用先生的计谋，克敌制胜，不是功劳又是什么？”陈平说：“当时没有魏无知我怎么能进见？”高祖说：“你这人可称得上不忘本了。”因而又赏赐魏无知。第二年，陈平以护军中尉的身份随从汉王在

【108】

代攻打谋反的韩王信。后来到了平城，被匈奴所围困，七天没有食物。高祖用陈平的奇计，派使者见单于的阏氏，包围因而得以解除。高祖脱身出来，但陈平的计策神秘，世人无从得知。

高祖南过曲逆，登上了曲逆城，望见屋宇很大，说："县城壮观啊，我走遍天下，只见到洛阳与这个县一样而已。"回头对御史说："曲逆的户口有多少？"御史回答说："当初秦朝时有三万多户，过后战火多次兴起，很多人逃亡藏匿，现在留存的有五千户。"因此就下诏给御史，把陈平封为曲逆侯，享用全部贡赋，免除从前所享用的户牖的贡赋。

此后陈平曾经以护军中尉的身份随从攻打陈豨和黥布，一共六次献妙计，动辄增加封邑，一共增加了六次，妙计有的很神秘，世人无从得知。

高祖击败黥布的军队回来后，受了伤，伤势恶化，缓慢行进到了长安。燕王卢绾谋反，高祖派樊哙以相国的身份领兵攻打他。出发后，有人揭发樊哙的短处说坏话。高祖发怒说："樊哙看到我病重，竟希望我死。"用陈平的计策，召来绛侯周勃在床前接受诏书，说："陈平速驾快车送周勃代樊哙为将，到军中就砍了樊哙的头。"二人接受诏书后，乘坐快车还没到军中，一边走一边谋划说："樊哙是皇帝的老朋友，功劳多，而且又是吕后妹妹吕媭的丈夫，亲近而且显贵，皇帝因为一时愤怒想斩杀他，恐怕以后反悔，宁可囚禁起来送到皇帝那里，让皇帝自己杀他。"还没到军中，就筑起土坛，用符节召来樊哙。樊哙接受诏命，就被反绑两手装到囚车中，用快车送到长安，命令周勃代替他做将军，领兵平定燕的反

【109】

叛各县。【109】

陈平在路上听说高祖去世了，他担心吕媭进谗言、吕后听到发怒，就驾快车先走一步，遇到使者下诏，命令陈平与灌婴在荥阳驻守。陈平接受了诏书，立即驱车到了宫中，哭得很悲哀，趁机在灵位前向吕后奏请事情。吕后哀怜他，说："您劳累了，出去休息吧。"陈平害怕起谗言，就坚决请求能在宫中住宿守卫。吕后就让他做郎中令，说："教导惠帝，做他的老师。"这以后吕媭的谗言就不能流传了。樊哙到了长安，就被赦免，恢复了爵位和封邑。

汉惠帝六年（公元前 189 年），相国曹参去世，用安国侯王陵做右丞相，陈平做左丞相。

王陵以前是沛地人，开始时他是县中的富豪。高祖卑微时，像对待哥哥一样侍奉王陵。王陵缺少文采，意气用事，喜欢直言。待到高祖从沛地起兵，进到咸阳，王陵也自己聚集党羽几千人，占据南阳，不肯跟随沛公。等到汉王回转攻打项羽，王陵才带兵归附汉王。项羽抢走王陵的母亲安置，在军中，王陵的使者到了，就让王陵的母亲朝东坐着，想以此招降王陵。王陵的母亲私下送使者，哭着说："替我告诉王陵，要他谨慎地侍奉汉王。汉王是长者，不要因为我的缘故，心存二意，我以死送使者。"于是自刎而死。项羽发怒，烹了王陵的母亲。王陵终于跟随汉王平定天下。因为和雍齿友善，雍齿又是高祖的仇人，王陵原本无意跟随高祖，因此很晚受封，做了安国侯。

安国侯做了右丞相，两年后，汉惠帝去世。吕后想封诸吕为王，问王陵。王陵说："不可以。"问陈平，陈平说：

【110】

“可以。”吕后发怒，就装作升迁王陵，让他做皇帝的老师，实际上不用王陵。王陵发怒，称病请求免职，竟闭门七年不上朝请示，七年后去世。【110】

王陵被免了丞相，吕后就升陈平为右丞相，用辟阳侯审食其做左丞相。左丞相管丞相的职务，经常在宫中办事。

审食其也是沛地人。汉王在彭城失败，向西进发，楚国抢走了太上皇、吕后作为人质，审食其以家臣的身份侍奉吕后，后来跟随汉王打败项羽后封侯，受到吕后的宠信。等到做了丞相，居住在宫中，百官都通过他来裁决事情。

吕媭经常因为先前陈平替高祖谋划逮捕樊哙一事，几次进谗言说：“陈平做丞相不处理政事，每天饮酒，和妇女嬉戏。”陈平知道了，一天比一天更厉害。吕后知道后，自己暗中欢喜。在陈平面前当面质问吕媭说：“俗话说‘小孩子和妇女的话不能采用’，就看您对我怎么样罢了，不要怕吕媭的谗言。”【111】

吕后立诸吕为王，陈平装作听从她。等到吕后死后，陈平与太尉周勃合谋，终于诛杀了诸吕，拥立了文帝，这是陈平主谋的，审食其被免了丞相。

文帝继位，认为太尉周勃亲自用兵诛杀了诸吕，功劳多；陈平想让周勃地位尊贵，就称病。文帝刚刚即位，认为陈平病得奇怪，探问他，陈平说：“高祖的时候，周勃功劳不如陈平，到了诛杀诸吕，我的功劳不如周勃，愿把右丞相的职位让给周勃。”因此文帝就用周勃做了右丞相，位列第一；陈平改做左丞相，位列第二。赏赐陈平黄金千斤，增封三千户。

过了不久，文帝已经更明了熟悉国家大事，上朝问右丞

【111】

相周勃说："全国一年判案多少？"周勃道歉说："不知道。"又问："天下一年钱粮支出收入多少？"周勃又道歉说："不知道。"他汗流浃背，惭愧得不能回答。【112】因此文帝又问左丞相陈平，陈平说："有主管的人。"文帝说："主管的人是谁？"陈平说："陛下如问判案，问廷尉；问钱粮，就责问治粟内史。"文帝说："假使各有主管的人，而您所主管的是什么事呢？"陈平回答说："主管大臣。陛下不知我驽钝卑劣，让我做丞相。丞相，上辅佐天子理阴阳四时，下养育万物使各得其所，对外镇抚四夷诸侯，对内让百姓亲附朝廷，使得卿大夫各负其责。"文帝因而称赞他善于应对。右丞相觉得惭愧，出来后责怪陈平说："您就是平日不教我应对。"陈平笑着说："您在丞相的位置上，不知道丞相的责任吗？况且陛下假如问长安中盗贼的数目，您也想勉强回答吗？"因此绛侯周勃自知他的才能远不如陈平，过了不久，绛侯称病请求免去右丞相职务，陈平一个人专做丞相。

文帝二年（公元前178年），丞相陈平去世，谥号是献侯。儿子共侯陈买继承侯爵之位。两年后去世，儿子简侯陈恢继位。二十三年后去世，儿子陈何继位。二十三年后，陈何因抢夺别人的妻子被杀，封国被除去。

当初陈平说："我阴谋很多，这是道家所禁止的。我的后代假如废黜了，也就罢了，最终不能再兴起，因为我暗藏的祸患太多。"他的曾孙陈掌因为是卫氏的亲戚很显贵，希望能延续陈氏的爵位，然而最终没能得到。

太史公说：丞相陈平年少时，本来爱好黄帝、老子的学说。

【112】

当他在砧板上割肉的时候，他的志气就很远大了。在楚、魏之间劳碌奔波，最终归附高祖。他经常出妙计，救纷难，消除国家的祸难。到吕后时，处于多事之秋，然而陈平终究幸免于难，安定了汉的江山，保持荣耀终身，被称为贤相，岂不是善始善终吗？不是有智谋的人，谁能胜任这些呢？

知识拓展

挂席为门

释义：指隐士居处。亦形容贫穷或居处简陋。

出处：《史记·陈丞相世家》：“负随平至其家，家乃负郭穷巷，以弊席为门，然门外多有长者车辙。”

史记卷五十七

绛侯周勃世家

扫描二维码
阅读本篇原文

周勃　周亚夫　周坚　周建德

绛侯周勃是沛邑人。他的祖先是卷邑人，迁到沛邑。周勃以编织蚕席为生，经常替人吹箫料理丧事。能拉开强弓，因而做了官。

高祖称沛公刚起事时，周勃以中涓的身份随从他攻打胡陵，攻下了方与。方与反叛，周勃与叛军作战，打退了敌人。攻打丰邑。在砀东边攻击秦的军队，因战事不利，回来守卫留和萧。又攻打砀，打破了它。攻下了下邑，率先登城。高祖赐给他五大夫的爵位。攻打蒙、虞，夺取了它们。攻打章邯的车骑部队，周勃立了下等功。攻打爰戚、东缗，因而前往到了栗，夺取了它。攻打啮桑，率先登城。在东阿之下攻击秦军，攻破了它。追击秦军到了濮阳，攻下了甄城。攻击都关、定陶，袭取了宛朐，俘获了单父的县令。夜袭攻占了临济，攻打张，因而前往到了卷，攻破了它。在雍丘下攻击秦将李由的军队。攻打开封，周勃先攻到城下，立下战功。后来秦将章邯打败且杀死了项梁，沛公和项羽领兵向东到了砀。自从沛起兵到回到砀，过去了一年零两个月。楚怀王封沛公为安武侯，做了砀郡的长官。沛公让周勃做了虎贲令，以虎贲令的身份跟随沛公平定魏地，在城武攻击东郡的县尉，打败了他。攻打秦将王离的军队，打败了它。攻打长社，率先登城。攻打颍阳、缑氏，截断了黄河的渡口。在尸的北边

【113】

攻击秦将赵贲的军队。向南攻打南阳太守齮，攻破了武关、峣关。在蓝田打败了秦的军队，到了咸阳，消灭了秦。

项羽到了咸阳，把沛公封为汉王。汉王赐周勃爵位为威武侯。跟随汉王进入汉中，让他做将军。等汉王回来平定三秦，到了秦，把怀德赐给周勃做食邑。【113】进攻槐里、好畤，周勃功劳最大。在咸阳攻打赵贲、内史保，周勃功劳最大。向北攻打漆。打击了章平、姚卬的军队。向西平定汧，回来攻下郿、频阳。在废丘包围了章邯。打败了西县的县丞，攻击盗巴的军队，打败了他。攻打了上邽。在东部防守峣关，转为攻打项羽。攻击曲逆，周勃功劳最大。回来防守敖仓，追剿项羽。项羽已经死去，因而东进平定楚地的泗水、东海郡，一共攻下二十二个县城。回来防守洛阳、栎阳，赏赐他和颍阴侯灌婴共同享用钟离县这个食邑。周勃以将军的身份跟随高祖攻打反叛的燕王臧荼，在易县打败了他。周勃所率领的士兵在驰道上立下的战功最多。赐给周勃列侯的爵位。分封符节，保证爵位世世不绝，享用绛邑八千一百八十户的贡赋，称为绛侯。

周勃以将军的身份跟随汉高祖在代攻打背叛的韩王信，霍人县投降，因而前进到了武泉，攻打匈奴人的骑兵，在武泉的北部打败了他们。转过来在铜鞮进攻韩王信的军队，打败了他。回来，收复了太原的六座城池。在晋阳城下攻打韩王信、匈奴人的骑兵，打败了他们，攻下了晋阳。后来在硰石攻打韩王信的军队，打败了他们，追击败兵八十里。回来攻打楼烦的三座城，因而在平城攻打胡人的骑兵，所率领的士兵在驰道上阻击，立下了大功。周勃升迁做了太尉。

【114】

周勃攻打陈豨，在马邑屠城。他所率领的士兵斩杀了陈豨的将军乘马絺。在楼烦攻打韩王信、陈豨、赵利的军队，打败了他们。俘获了陈豨的将领宋最雁门郡守圂。因而转过来攻打俘获了云中郡守遬、韩王信的丞相箕肆、将领勋。平定雁门郡十七县、云中郡十二县。因而又在灵丘攻打陈豨，打败了他，斩杀了陈豨，抓获了陈豨的丞相程纵，将军陈武、都尉高肆等人，平定了代郡的九个县。

燕王卢绾谋反，周勃以相国代替樊哙领兵攻下了蓟，俘虏了卢绾的大将抵、丞相偃、广阳郡守陉、太尉弱、御史大夫施，屠了浑都城。在上兰、沮阳打败了卢绾的军队。追击到了长城，平定了上谷十二个县、右北平十六个县，辽西、辽东二十九个县，渔阳二十二个县。跟随高祖一共俘虏了相国一人，丞相二人，将军、二千石各三人。此外，打败军队两支，攻下城三座，平定五个郡、七十九个县，俘虏了丞相、大将各一人。

周勃为人木讷，倔强敦厚，汉高祖认为可以托付大事。周勃不喜欢文学，每次召见儒生术士，总是面朝东坐着责问："赶紧给我说话。"他就这样直率，缺少文采雅量。【114】

周勃平定了燕回来，高祖已经去世了，他以列侯身份侍奉汉惠帝。汉惠帝六年（公元前 189 年），设置太尉官，由周勃做太尉。十年后，高后去世，吕禄以赵王身份做了汉的上将军，吕产以吕王的身份做了汉的相国，掌握了汉的权柄，想倾覆刘氏。周勃做了太尉，不能进入军队。陈平做了丞相，不能处理政事。因此周勃与陈平策划，终于诛灭了诸吕，拥立了汉文帝。这些事情记载在《吕太后本纪》

【116】

与《孝文本纪》中。

汉文帝登位后，用周勃做了右丞相，赏赐黄金五千斤，享受封邑一万户。过了一个多月，有人劝说周勃："您已经诛灭了诸吕，拥立了代王，威震天下，而您接受丰厚的赏赐，身处尊贵的位置，因为宠幸，时间长了就会大祸临头了。"周勃害怕，自己觉得危险，就辞职请求归还丞相的印玺，文帝答应了。一年多后，丞相陈平去世，文帝又用周勃做丞相。十个多月后，文帝说："前天我下诏让列侯到封国去，有的没能成行，丞相是我所倚重的人，一定要率先垂范。"于是就免了丞相职务，到封国去。

一年多以后，每次河东郡守、郡尉巡视各县到绛，绛侯周勃都害怕，担心被杀，经常披着盔甲，让家人拿着兵器会见郡守、郡尉。【115】此后有人告发周勃要造反，文帝下令廷尉处置。廷尉把事情交给长安令，逮捕周勃治他的罪。周勃恐慌，不知该如何辩解。官吏对他侵犯侮辱，周勃给了狱吏千金，狱吏因而在简牍背面写字给他看，说："请公主做证人。"公主是文帝的女儿，周勃的大儿子周胜之娶了她，所以狱吏教他引她做证人，周勃增加的封邑、接受的赏赐，都给了薄昭。等到案件危急了，薄昭为他向薄太后说话，太后也认为周勃没有造反的事。文帝来朝见，太后把头巾掷向文帝，说："绛侯曾拿着皇帝的印玺，在北军领兵，不在那时造反，现在在一个小县，反而想造反吗？"文帝已经看到了绛侯的案卷辩词，就歉疚地说："官吏正在查验，之后放他出来。"【116】因此派使者拿着符节赦免了绛侯，恢复了官爵、封邑。绛侯出来之后，说："我曾经率领百万军队，然而哪里知道狱吏的尊贵呢？”

绛侯又到封国去，在汉文帝十一年（公元前169）去世，谥号为武侯。儿子周胜之继承爵位，过了六年，娶公主，互相不合，因为杀了人，封国被除去。隔了一年后，汉文帝就又选择绛侯周勃的儿子中贤能的河内郡守周亚夫，封为条侯，继承绛侯的封爵。

条侯周亚夫在没有做侯，还是河内郡守时，许负相他的面，说：“您将在三年后封侯，封侯八年后做将相，掌握国家大权，显贵位重。在人臣中没有第二人，此后九年您将会饥饿而死。”亚夫笑道：“我的哥哥已经代替父亲做侯了，假如他去世，应该由他的儿子来代替，我哪里会被封侯呢？然而既然像你所说的已经那样富贵了，又为何说饿死？请给我指示明白。”许负指着他的口说：“有一条横向纹理一直进入口里，这是饿死的面相。”过了三年，他的哥哥绛侯周胜之犯罪，文帝选择绛侯周勃的儿子中贤能的人，都推举周亚夫，因此封亚夫为条侯，延续绛侯的后代。

文帝后元六年（公元前158年），匈奴大肆进犯边境，因而用宗正刘礼做将军，驻军霸上；祝兹侯徐厉做将军，驻军棘门；用河内郡守周亚夫做将军，驻军细柳，以防备胡人。文帝亲自慰劳军队，到了霸上和棘门驻军那里，长驱直入，将军以下骑马迎候。不久到了细柳驻军，军士、官吏披着盔甲，兵刃锐利，张着弓弩，手握着拉满的弓，天子的先行人员到了，不能进入军营。先行人员说：“天子将要到了。”军营门前的都尉说：“将军命令说‘军营中只听将军的命令，不听天子的诏书’。”过了不久，文帝到了，又不能进入。因此文

【117】

【118】

帝就派使者手持符节给将军下诏："我想进去慰劳军队。"周亚夫才传话打开营门。【117】营门边的士兵官吏对随从车马说："将军约定，军营中不得驾马驱驰。"因此天子就控制着缰绳慢慢行走。到了军营，将军周亚夫手持兵器作揖说："披甲胄的人不跪拜，请允许用军中礼节见礼。"天子为他所动，靠着车中横木正色行礼。派人道谢："皇帝恭敬地慰劳将军。"完成了礼节离开了，出了军门，大臣们都惊奇。【118】汉文帝说："哎，这是真正的将军啊。先前霸上、棘门的军营中，好像是儿戏罢了，他的将军完全会被袭击、俘虏了。【119】至于周亚夫，谁能够侵犯！"称赞很久。一个多月以后，三个军营都撤了。因而授予周亚夫中尉军职。

文帝将去世时，告诫太子说："假如有危急情况，周亚夫才是真正可以统率军队的人。"文帝去世，授予周亚夫为车骑将军。

景帝三年（公元前 154 年），吴、楚谋反，周亚夫从中尉的身份升做了太尉，东进攻打吴、楚，为此亲自向皇帝请求说："楚的士兵剽悍轻捷，难以与他们正面争斗，希望用梁国来牵制它，截断它运送粮草的道路，这样才可以制服。"景帝应允了。

太尉在荥阳集结了军队，吴国正攻打梁国，梁形势危急，请求救援。太尉领兵向东北到了昌邑，坚壁防守。梁每天派使者来请太尉发兵，太尉防守有利地形，不肯前往。【120】梁王上书向景帝陈述，景帝派使者下诏书命令救援梁国，太尉不奉行诏令，坚持不出战。派弓高侯等人切断了吴、楚军后边的粮道。吴军缺乏粮食，士兵挨饿，几次想挑战，始终

【119】

不出战。夜晚，军中惊动，军营内互相攻击扰乱，到了太尉的营帐下，太尉始终躺着不起来。过后不久，又安定下来。后来吴兵奔袭壁垒的东南角，太尉命令防备西北。不久，吴的精锐部队果然冲击西北角，不能攻入。吴兵绝粮，就撤离了。太尉派精兵追击，大破吴军。吴王刘濞离开他的军队，与几千个壮士逃走了，据守江南丹徒。【121】汉的军队因此乘胜追击，全部俘虏了他们，迫使他的军队投降，悬赏千金捉拿吴王。一个多月以后，越人斩了吴王的人头来报告。双方互相攻守一共三个月，吴、楚被打败，平定了叛乱。这时将军们才认为太尉的计谋正确。但从此梁孝王与太尉有了仇怨。

周亚夫回来后，又设置了太尉一官。五年后，周亚夫升做丞相，景帝很器重他。景帝废黜了栗太子。丞相坚决争取保全太子，没有成功，景帝从此疏远他。梁孝王每次上朝，经常和太后说条侯周亚夫的坏话。

窦太后说："皇后的哥哥王信可以封侯了。"景帝辩解说："当初南皮侯[①]、章武侯[②]，先帝不封他们，到我继位后才封他们为侯。王信现在还不能封侯。"窦太后说："皇帝各自按时势行事罢了。我哥哥窦长君在世时，竟然不能封侯，死后他的儿子彭祖反而得以封侯。我很遗憾。皇帝赶紧封王信为侯。"景帝说："请允许我和丞相商议。"与丞相商议，周亚夫说："高皇帝约定：'不是刘氏不得封王，没有大功不得封侯。不遵守约定，天下人共同讨伐他。'现在王信虽然是皇后的哥哥，没有功劳，封他为侯，有背约定。"景帝

---

① 南皮侯：窦太后的哥哥、窦长君的儿子窦彭祖的封号。

② 章武侯：窦太后的弟弟窦广国的封号。

【120】

默默地作罢了。

此后，匈奴王唯徐卢等五人投降，汉景帝想封他们为侯来诱劝后来者。丞相周亚夫说：“他背叛他的主子投降陛下，陛下封他做侯，那么用什么责备臣下的不守节呢？”景帝说：“丞相的建议不能采用。”于是封唯徐卢等五人做列侯。周亚夫因此称病。景帝中元三年（公元前147年），因病被免除了丞相。

不久，景帝在宫中召见条侯，赐给他食物，只摆上了一大块肉，没有切碎，又不放筷子，条侯心中不满，回头叫掌管宴席的官员取筷子。景帝看着笑道：“这还不能满足您的要求吗？”条侯脱下帽子道歉，景帝起身，条侯因此快步出宫，景帝目送他说：“这人心怀不满，不能做少主的大臣。”

过了不久，条侯的儿子替父亲从尚方①工官②那里买了五百副皇家殉葬的铠甲盾牌，雇工痛恨他不给工钱。雇工知道他偷偷购买天子的御用品，便发怒上书告发条侯的儿子，事情牵连了条侯。上书让景帝知道了，景帝让法吏处置，法吏责问条侯，条侯不回话。景帝骂他说：“我不用你说。”指示送交廷尉处理。廷尉责备说：“君侯想谋反吗？”周亚夫说：“我所购买的器物，是陪葬用的，哪里说得上谋反呢？”官吏说：“君侯纵然不在地上造反，也是想在地下造反了。”官吏逼问他更急迫了。当初，官吏逮捕条侯，条侯想自杀，夫人制止他，因此没有死去，于是落在廷尉手中。因而绝食五天，呕血而死。封国被除去。【122】

---

① 尚方：专为皇帝制造刀剑、器玩的官署。

② 工官：制造日用品和武器的官府。

【121】

断封一年后，景帝就改封绛侯周勃另一个儿子周坚做了平曲侯，延续绛侯的后代。十九年后去世，谥号为共侯。儿子周建德继位，十三年后，做了太子太傅。因为所献酎金成色不好被免除了官职。武帝元鼎元年（公元前112年），因犯有罪行，封国被除去。

条侯果然饿死，他死后，景帝就封王信为盖侯。

太史公说：绛侯周勃当初做布衣百姓时，是一个粗鄙纯朴的人，才能也很平凡庸碌。到跟从高祖平定天下后，位居将相，吕氏作乱，周勃挽救国家于危难，拨乱反正，即使是伊尹、周公，也没有超过他的！周亚夫用兵，保持军威，行事稳健，坚韧不拔，司马穰苴也没有超过他啊！可惜他自以为足智多谋，不肯学习，遵守大节却不谦逊，终于因此穷困，可悲啊！

【122】

史记卷五十八

梁孝王世家

扫描二维码
阅读本篇原文

梁孝王　窦太后　羊胜　公孙诡　刘买　任王后

李太后　类犴反

梁孝王刘武是汉文帝的儿子，与汉景帝同母，母亲是窦太后。

文帝一共有四个儿子：长子是太子，就是汉景帝；二儿子刘武；三儿子刘参；四儿子刘胜。文帝即位第二年，封刘武为代王，封刘参为太原王，封刘胜为梁王。两年后，迁代王刘武为淮阳王。把代全部给了太原王刘参，称作代王。刘参在位十七年，文帝后元二年（公元前 162 年）去世，谥号为孝王。儿子刘登继位，这就是代共王，在位二十九年，武帝元光二年（公元前 133 年）去世。儿子刘义登位。十九年后，汉扩充边关，以常山为界，迁代王刘义做清河王。清河王在武帝元鼎三年（公元前 114 年）迁徙了。

当初，刘武受封淮阳王，十年后，梁王刘胜去世，谥号为梁怀王。梁怀王是文帝最小的儿子，受宠幸更胜于其他的儿子。第二年，迁淮阳王刘武为梁王。梁王刚受封是在文帝十二年（公元前 168 年）。梁王从开始做王起，一共经历了十一年。

梁王十四年（公元前 165 年）入朝，十七年、十八年连年入朝，留了下来。第二年，才到封国去。二十一年，入朝。二十二年，文帝去世。二十四年，入朝。二十五年，又入朝，这时景帝没有立太子。景帝与梁王饮酒，曾经顺口说：“我死后传位给你。”梁王辞谢了。虽然知道不是真话，然而心中欢喜，太后也是这样。

这年春天，吴、楚、齐、赵等七个诸侯国造反。吴、楚先攻打梁的棘壁，杀了几万人。梁孝王坚守睢阳城，派韩安国、张羽等做大将军，来抵御吴、楚。吴、楚因为梁牵制，不敢越过梁西进，与太尉周亚夫等相抗衡三个月。吴、楚破灭，梁所斩杀、俘虏的叛军与汉军相等。第二年，景帝立了太子。此后梁最受亲近，立有功勋，又是大国，处于天下最肥沃的土地。封地北到泰山，西到高阳，有四十多个城，大多是大县。

孝王是窦太后最小的儿子，太后爱他，给他的赏赐数不清。因此孝王修筑了东苑，方圆三百余里。扩充睢阳城七十余里。大规模地修建宫室，修筑复道，从王宫连接平台三十多里。得到赏赐天子用的旌旗，出行随从有千乘万骑，东西驰骋射猎，像天子一样。【123】他出入都要警戒，招请四方豪杰，从崤山以东游说的人士，例如齐人羊胜、公孙诡、邹阳等人，没有不来的。公孙诡有很多奇异的计策，初次见梁王时，就得到赏赐千金，官爵封到中尉，梁称他为公孙将军。梁造了很多兵器，弩、弓、矛有几十万，府库的金钱约有上亿，珠玉宝器比京城还多。

二十九年（公元前150年）十月，梁孝王入朝，景帝派使者手持符节，驾着四匹马拉的车子，在函谷关下迎接梁王。朝见后，梁王上疏请求，因而留下来。因为太后宠爱的缘故，梁王入朝就同辇陪侍景帝，出来就同车游猎，在上林苑中射杀飞禽走兽。梁的侍中、侍郎、谒者拿着名簿出入天子殿门，与汉的宦官没有区别。

十一月，皇帝废黜了栗太子，窦太后心里想以孝王为继

【123】

承人，大臣和袁盎等向景帝劝说有关继承人的事。窦太后的意见搁置不执行，从此也不再说以梁王为继承人的事。因为事情隐秘，世人没有人知道，梁王就辞行回到封国。

这年夏天四月，皇帝立胶东王刘彻为太子。梁王怨恨袁盎和议事大臣，因此和羊胜、公孙诡等人暗中派人杀了袁盎以及其他议事大臣十多人。汉朝追捕刺客，没有捕获。因此天子怀疑梁王，捕获刺客，果然是梁王派遣的。就派使者前往梁，道路上冠盖相望，反复追究梁，拘捕公孙诡、羊胜。公孙诡、羊胜藏在梁王的后宫。使者追问二千石官员很紧急，梁相轩丘豹以及内史韩安国进谏梁王，梁王因而命令羊胜、公孙诡都自杀，抬出他们的尸体。皇帝从此怨恨责备梁王。梁王害怕，就派韩安国通过长公主①向太后谢罪，然后得到宽恕。

皇帝的怒气稍稍消解，梁王就上书请求朝见。【124】到了函谷关，茅兰劝说梁王，让他坐上布车②，带着两个骑马侍者进关，藏在长公主的园中。汉派使者迎接梁王，梁王已经进入了函谷关，车马都留在关外，不知道梁王的所在。太后哭道："皇帝杀了我的儿子。"景帝担忧害怕。因而梁王在宫阙下伏在斧锧（zhì）③上请罪。太后、景帝非常高兴，相对而泣。又像以前一样，把梁王的随从官员全部召进函谷关。然而景帝疏远梁王，不和他同坐辇车了。

三十五年（公元前144年）冬天，梁王又朝见，上疏想

---

① 长公主：此处指汉文帝长女馆陶公主刘嫖。

② 布车：白布做帷幕的丧车，梁王坐布车表示请罪。

③ 斧锧：古代杀人的刑具。

【124】

留下来，皇帝不允许。回到封国后，梁王神情恍恍惚惚，不高兴。向北往良山打猎，有人献上一头牛，脚从背上长出，梁王讨厌它。六月中，生了热病，六天后去世，谥号是孝王。

孝王仁慈孝顺，每听说太后生病，口不能食，居不安寝，经常想留在长安侍奉太后。太后也疼爱他。等到听说梁王去世，窦太后哭得极其哀伤，不吃饭，说："皇帝果然杀了我的儿子。"景帝哀痛担心，不知怎么办。与长公主商议，就把梁分成五个诸侯国，把孝王的五个儿子全部封为王，五个女儿都享用汤沐邑。这时向太后报告，太后才高兴了，为表示对皇帝的满意多吃了一顿饭。

梁孝王的大儿子刘买做了梁王，这就是梁共王；儿子刘明做了济川王；儿子刘彭离做了济东王；儿子刘定做了山阳王；儿子刘不识做了济阴王。

梁孝王没死时，财产数以万计，不可胜数。他死后，府库剩余黄金还有四十多万斤，其他财物与此相当。

梁共王三年（公元前 141 年），景帝去世。共王在位七年去世，儿子刘襄继位，这是平王。

梁平王刘襄十四年（公元前 123 年），平王母亲是陈太后。共王的母亲是李太后。李太后是平王的亲祖母。平王的王后姓任，称作任王后。任王后很受平王刘襄的宠爱。当初，梁孝王在世时，有一个罍（léi）樽[①]，价值千金，梁孝王告诫后代，好好保存罍樽，不得把它给别人。任王后听说后想得到罍樽，平王的祖母李太后说："先王有命令，不得把罍樽给人。其他

① 罍樽：青铜制酒器，似壶，盖上有云雷图纹。

【125】

的东西即使价值上亿，也任她自己随意选择。”任王后决意一定要得到它。平王痛快地让人打开府库取出罍樽，赐给了任王后。李太后大怒。汉的使者来了，她想自己上言，平王刘襄和任王后拦阻她，关上门，李太后和他们争着推门，夹了手指，因而没有见到汉的使者。李太后也私下与食官长[①]和郎中尹霸等士人通奸，平王和任王后拿这事让人暗示阻止李太后，李太后在内有淫乱行为，也作罢了。后来病死。生病时，任王后不曾探病。李太后死后，任王后也不为她主持丧事。

元朔年间，睢阳人类犴反，有人侮辱了他的父亲，这人与淮阳太守的客人同坐一辆车出行。太守的客人出来下车，类犴反把他的仇人杀死在车上，然后离开了。【125】淮阳太守发怒，以此责备梁的二千石官员。二千石以下官员追查类犴反很紧急，抓起了类犴反的亲属。类犴反知道国中隐秘的事情，就立即上书，把梁王与祖母争罍樽的事情详细告知了朝廷，并说梁国丞相以下都知道这件事，想以此削弱梁的长吏，那封上书让武帝知道了。武帝派官吏对证查问，果有此事。公卿请求废黜梁王为庶人。皇帝说：“李太后有淫乱行为，梁王刘襄没有好的师傅，所以陷于不义。”因此削去梁的八座城，任王后在市中被枭首示众。梁还剩有十座城。刘襄在位三十九年去世，谥号为平王，儿子刘无伤立为梁王。

济川王刘明，是梁孝王的儿子，孝景帝中元六年（公元前 144 年）以桓邑侯的资格做了济川王。七年，因射杀他的中尉犯罪，汉朝有关官吏请求诛杀，武帝不忍心诛杀，废黜

---

① 食官长：官名，掌管王宫饮食。

【126】

刘明为庶民，迁居房陵，土地归入汉，成为郡。【126】

济东王刘彭离，是梁孝王的儿子，在景帝中元六年（公元前 144 年）做了济东王。二十九年，彭离骄横凶悍，没有人君的礼节，黄昏夜晚私自与他的奴仆、亡命少年行劫杀人，以夺取财物为乐。所杀害被发觉的有一百多人。封国中人都知道，没有人敢夜晚出行。所杀之人的儿子上书陈述。汉朝有关官吏请求诛杀济东王，皇帝不忍心，废弃他，让他做平民，迁居上庸，土地归入汉，成为大河郡。

山阳哀王刘定，梁孝王的儿子，在景帝中元六年（公元前 144 年）做了山阳王。九年后去世，没有儿子，封国被除去，土地归入汉，成为山阳郡。

济阴哀王刘不识，是梁孝王的儿子，在景帝中元六年（公元前 144 年）做了济阴王。一年后去世，没有儿子，封国被除去，土地归入汉，成为济阴郡。

太史公说：梁孝王虽然因为受宠爱的缘故，在肥沃之地为王，然而适逢汉朝隆盛，百姓殷实富足，所以能聚敛他的财货，扩充宫室，车马服饰和天子相比拟，但也超越本分了。

（以下为褚少孙补写内容）

褚先生说：我做郎官时，从宫殿里好事的老郎官口中得知这些。我自己认为，使梁王怨恨，想做坏事的原因，是从皇宫中产生的。当时的太后是女主，因为爱小儿子的缘故，想让梁王做太子。大臣不及时严正指出那样不可以，只是阿谀逢迎太后，不管治理国家，私下取悦太后因此受赏赐，不是忠臣。都像魏其侯窦婴那样正直进言，怎么会有以后的灾祸？景帝与梁王家宴，服侍太后饮酒，景帝说：“我死后传位给梁王。”太后喜悦。窦婴在前面，伏地说：“汉朝法度规定，帝位传给儿子嫡孙，现在皇上凭什么传位给弟弟，擅自破坏高帝的约定呢？”景帝因此默然无声，太后心中不高兴。

从前周成王和年幼的小弟弟站在树下，拿一片桐叶给他，说：“我用这封赏你。”周公听说了，进来见成王说：“天王[①]封弟弟，很好。”成王说：“我只是和他游戏罢了。”周公说：“君王不应当有过失，不应当有戏言，说了一定要做到。”因此就把应封给小弟弟，此后周成王一辈子不敢有戏言，说了一定去做。《孝经》说：“不合法度的不说，不合道义的不做。”这是圣人的常言。现在皇上不应向梁王口出美言。梁王上有太后宠爱，骄横时间很久了，多次听到景帝的好话，说景帝死后传位给梁王，而实际上不做。

还有诸侯王朝见皇帝，汉的制度一共应当见面四次罢了。刚到，进宫，被称作小见；到正月初一早晨，献上皮荐（jiàn）[②]、璧玉恭贺正月，被称作法见；三天后，皇上为诸侯王设酒宴，赏赐金钱财物；两天后，又进宫小见，辞行。一共留在长安不超过二十天。小见，是在皇宫门内燕见，在宫中宴饮，不是士人所能进入的。现在梁王西来朝见，因事留下来，将近半年。入宫与皇帝

---

① 天王：周天子被称为“天王”。

② 皮荐：鹿皮做的垫子。

同辇，出行与皇帝同车，皇上把大话说给他听而实际上不兑现诺言，让他口出怨言，阴谋叛逆，因而随之担心他，不也违背事理吗？不是大贤人，不知进退礼让。现在汉的仪式制度，朝见恭贺正月，经常是一个诸侯王和四个诸侯一起，十余年来一次。现在梁王经常连年进宫朝见，长久留在长安。俗话说："娇宠傲慢的儿子不孝顺。"不是假话。所以诸侯王应当为他设置良好的师傅，任用忠贞直言的人士做丞相，如汲黯、韩长孺等，敢于直言极谏，哪里会有祸患危害呢？

听说梁王西来入朝，谒见窦太后，燕见时，与景帝一起在太后面前陪坐，私下谈得很高兴，太后对景帝说："我听说殷朝的制度是亲近亲人，周朝的制度是尊敬尊长，其道理是一样的。我死后把梁孝王托付给你。"景帝起身说："是。"罢了酒宴出来，景帝召来袁盎等通晓经术的大臣们说："太后这样说话，什么意思呢？"都回答说："太后心里想立梁王为太子。"景帝询问情况，袁盎等说："殷朝制度亲近亲人，立弟弟为继承人。周朝制度尊敬尊长，立儿子为继承人。殷朝的制度质朴，质朴取法于天，亲近他所亲爱的人，所以立弟弟。周朝的制度崇尚文采，文采取法于地，尊就是敬，敬重他的根本初始，所以立长子。周朝的制度，太子死了，立嫡孙；殷的制度，太子死了，立他的弟弟。"景帝说："你们认为该怎么办？"都回答说："现在汉家取法周朝，周朝的制度不能够立弟弟，应当立儿子。因此《春秋》非议宋宣公。宋宣公死后，不立儿子却传位给弟弟，弟弟接受国政，死后，又把君位让给了哥哥的儿子，自己的儿子却来争位，认为他应当代父继位，就刺杀了宣公的儿子，因此国家动乱，祸患不绝。所以《春秋》说：‘君子崇尚遵守正道，宋国的祸患是宣公造成的。’我请求见太后陈述这些。”

袁盎等人入宫见太后问：“太后说想立梁王，梁王假如去世，想立谁呢？”太后说：“我再立皇帝的儿子。”袁盎等把宋宣公不立嫡长子以致产生祸患，祸患遗留五代不绝，小不忍危害大义的情形报告太后。太后才晓悟和高兴，就让梁王到封国去。梁王知道那意见出自袁盎等大臣们，心生怨恨，派人来杀袁盎。袁盎看着刺客说：“我就是所说的袁将军，您不是弄错了吧？”刺客说：“正是你了。”于是刺杀他，一剑插在袁盎身上。官吏看那剑是新打造的，查问长安中的铸剑的人。铸剑的人说：“梁国的郎官某某来铸了这把剑。”因此朝廷知道并发觉了，就派使者追捕刺客。又从刺客那里知道，光是梁王想杀的就有十多位大臣，审判的官吏穷追根源，谋反的端倪大都露了出来。太后不吃饭，日夜哭泣不停。

景帝很担心，询问公卿大臣，大臣们认为派通经术的官吏前往办案，才可以解脱。因此派田叔、吕季主前往办案。这二人都通经术，知道大礼，回来到了霸昌厩，取火全部烧了梁反叛的证词，只是空手来禀报景帝。景帝问：“怎么样？”回答说：“梁王不知此事，主使做这事的，只是宠臣羊胜、公孙诡等人，我们谨按律令把他们处死了。梁王安然无恙！”景帝高兴了，说：“赶紧去见太后。”太后知道了，立即起来坐着吃饭，心气平复。所以说，不通经术，不知道古今的大礼，不能做三公以及皇帝左右近臣。缺少见识的人，如同管中窥天一样。

知识拓展

忽忽不乐

释义：形容若有所失而不高兴的样子。

出处：《史记·梁孝王世家》：“三十五年冬，复朝。上疏欲留，上弗许。归国，意忽忽不乐。”

史记卷五十九

五宗世家

扫描二维码
阅读本篇原文

刘德　刘荣　刘馀　刘端　刘彭祖　刘胜　刘贤　刘庆

孝景皇帝的儿子一共有十三人做了王，他们的母亲有五个人，同一母亲的人是宗亲。栗姬的儿子叫刘荣、刘德、刘阏于。程姬的儿子叫刘馀、刘非、刘端。贾夫人的儿子叫刘彭祖、刘胜。唐姬的儿子叫刘发。王夫人兒姁的儿子叫刘越、刘寄、刘乘、刘舜。

河间献王刘德，在景帝前元二年（公元前 155 年）因为是皇子做了河间王。喜欢儒学，日常居处出行，必定效法儒者。山东儒生多跟他交游。

刘德在位二十六年后去世，儿子共王刘不害继位。四年后去世，儿子刚王刘基继位。十二年后去世，儿子顷王刘授继位。

临江哀王刘阏于，在景帝前元二年（公元前 155 年）因为是皇子做了临江王。三年后去世，没有后人，封国被除去，成为郡。

临江闵王刘荣，在景帝前元四年（公元前 153 年）做了皇太子，四年后被废黜。因为是前太子，做了临江王。

第四年，因为侵占庙墙外的短墙造宫室，景帝征召刘荣入京，刘荣出行，在江陵北门祭神。上车后，车轴折断，车子报废了。江陵父老流泪私下议论说："我们的王不会回来了。"刘荣到了长安，去中尉府受审。中尉郅都责问审讯刘荣，刘荣害怕，自杀了。【127】死后葬在蓝田。几万只燕子衔来

【127】

泥土放在冢上，百姓哀怜他。

景帝的儿子里刘荣年龄最大，死后没有后人，封国被除去，土地归入汉，成为南郡。

以上三个封国最初受封的王都是栗姬的儿子。

鲁恭王刘馀，在景帝前元二年（公元前155年）因为是皇子做了淮阳王。第二年，吴、楚谋反被打败后，在景帝前元三年改封为鲁王。喜欢修治宫室苑囿，蓄养狗马。晚年喜欢音乐，不喜欢辞令辩论，为人口吃。

刘馀在位二十六年后去世，儿子刘光继位。他起初喜欢音乐、车马，晚年贪吝，唯恐财物不够。

江都易王刘非，在景帝前元二年（公元前155年）因为是皇子做了汝南王。吴、楚谋反时，刘非十五岁，有气力，上书表示愿意攻打吴。景帝赐给刘非将军印，攻击吴。吴破灭了，两年后，改封刘非为江都王，统治吴的故国，因为有军功，景帝赐给他天子用的旌旗。武帝元光五年（公元前130年），匈奴大肆进入汉地为害，刘非上书表示愿攻打匈奴，皇帝不允许。刘非喜欢用气力，修治宫室，招来四方豪杰，非常骄奢。

刘非在位二十六年去世，儿子刘建继位。七年后自杀。淮南王刘安、衡山王刘赐谋反时，刘建非常清楚他们的阴谋。他自以为封国靠近淮南，担心一旦事发，被淮南王兼并，就暗中打造兵器，时时佩着他父亲所受赐的将军印，打着天子的旗帜出行。易王死后还没有安葬，刘建有一个所喜欢的易王宠幸的美人淖姬，夜晚派人把她接来，同她在服舍[①]中通奸。

① 服舍：守丧的房舍。

等到淮南王谋反的事情被发觉，惩治党羽，很多涉及江都王刘建。刘建害怕，因而派人拿了很多金钱去贿赂官员，想了结他的案子。而且又迷信巫祝，派人在宗祠中祷告。刘建又和他的所有姐妹通奸。事情传出去后，公卿大臣请求逮捕惩治刘建。武帝不忍心，派大臣前往审问江都王刘建，刘建承认所犯的罪行，就自杀了。封国被除去，土地归入汉，成为广陵郡。

胶西于王刘端，在孝景帝前元三年（公元前154年），吴、楚七国谋反被平息后，刘端因为是皇子做了胶西王。刘端为人奸诈暴戾，又阳痿，一和妇人同房，就要生几个月的病。有一个受宠爱的少年做侍卫，侍卫不久与后宫姬妾淫乱，刘端捕杀了他，并杀了他的儿子和孩子的母亲。刘端多次违犯汉法，朝廷公卿多次请求处决刘端。天子因为是兄弟的原因不忍心，而刘端所作所为变本加厉。有关官吏再次请求削弱他的封国，去掉了大半。刘端心中愠怒，因此什么事都不管。府库破了漏雨，财物腐烂数以万计，最终不让收拾迁徙。命令官吏不得收租赋。刘端去掉了所有的宿卫，封闭宫门，只从一个门出游，几次变换名姓，化装成百姓，到别的郡国去。

凡是去胶西的丞相、二千石官员，只要用汉朝法令治理，刘端就动辄找罪名告发他们，没有罪的人，就设奸计用毒药杀害他。所用的奸计变化无穷，他的强横足以拒绝劝谏，智力足以掩饰过失。丞相、二千石官员如果跟从他统治，就被汉绳之以法。因而胶西虽是小封国，所杀伤的二千石官员却很多。

刘端在位四十七年去世，最终没有儿子代他继承王位，土地归入汉，成为胶西郡。

以上三国最初受封的王都是程姬的儿子。

赵王刘彭祖，在孝景帝前元二年（公元前 155 年）因为是皇子做了广川王。赵王刘遂谋反失败后，彭祖做了广川王。四年后，改封赵王。十五年后，景帝去世。彭祖为人巧言善辩，卑下谄媚，表面恭敬十足而内心却刻薄寡恩。他喜欢玩弄法令条文，用诡辩之词来中伤人。彭祖有很多宠幸的姬妾和子孙。丞相、二千石官员想奉行汉法治理，就会妨害赵王家。因此每次丞相、二千石官员到了，彭祖就穿着黑色的布衣，亲自前往迎候，为二千石官员打扫房舍，设了很多难以决断的事来搅扰对方，发现二千石官员失言，犯忌讳，就记下来。二千石官员想惩治，他就以此要挟；不听从他，就上书告发，并且用奸淫贪利等事情诬陷对方。刘彭祖在位五十多年，丞相、二千石官员没有能任满两年的，动辄因罪离开，大罪被处死，小罪判刑罚，因此二千石没有敢治理政事的。赵王专权，派使者到县中主持商人的集市买卖，收入经常比封国收的租税还多。因此赵王家金钱很多，然而赐给了姬妾、儿子们，也用尽了。彭祖娶了前江都易王的宠姬，也就是与江都王刘建通奸过的淖姬为姬妾，很宠爱她。

彭祖不喜欢修治宫室，不爱祭神求福，喜欢做下级官吏的事情。他上书表示愿意防范封国中的盗贼。经常夜里跟着走卒，在邯郸城中巡察边界。各路使者过客因为彭祖阴险，没有人敢在邯郸停留。

他的太子刘丹和他的女儿，以及同母的姐姐通奸，与他的门客江充有仇怨。江充告发太子刘丹，刘丹因此被废黜。

赵改立太子。

中山靖王刘胜，在景帝前元三年（公元前 154 年）因为是皇子封为中山王。十四年后，景帝去世。刘胜喜欢饮酒和女色。他有子孙亲属一百二十多人。刘胜经常和哥哥赵王刘彭祖互相非议，说：“哥哥做王，专门代吏做事。做王的应当每天听音乐欣赏声色。”赵王非议他，说：“中山王只是每天淫乐，不辅佐天子抚顺百姓，凭什么称作藩臣！”

刘胜在位四十二年去世，儿子哀王刘昌继位。刘昌一年后去世，儿子刘昆侈继位做了中山王。

以上两国最初受封的王都是贾夫人的儿子。

长沙定王刘发，他的母亲唐姬，从前是程姬的侍女。景帝召程姬伴寝，程姬有所回避，不愿进见，打扮侍者唐儿让她夜晚进宫。景帝酒醉不知道，以为是程姬，因而垂幸于她，于是怀孕。之后才发现不是程姬。等到生了儿子，就取命叫刘发。在孝景帝前元二年（公元前 155 年）因为是皇子做了长沙王。因为他母亲卑微，不受宠幸，所以封在低湿贫困的地方。【128】

刘发在位二十七年去世，儿子康王刘庸继位。刘庸二十八年后去世。儿子刘鲋鮈继位做长沙王。

以上一国最初受封的王是唐姬的儿子。

广川惠王刘越，在孝景帝中元二年（公元前 148 年）因为是皇子做了广川王。

刘越在位十二年后去世，儿子刘齐继立为王。刘齐有一个宠幸的臣子叫桑距。不久桑距犯罪，刘齐想杀掉他，桑距逃走，广川王就擒获了他的同族人。桑距怨恨广川王，就上

【128】

书告发广川王刘齐与同母姊妹奸淫。自此之后，广川王刘齐多次上书控告朝廷公卿以及受宠幸的臣子所忠等。

胶东康王刘寄，在景帝中元二年（公元前148年）因为是皇子做了胶东王。在位二十八年后去世。淮南王谋反时【129】，刘寄略知其事，私自造楼车①、弓箭，做好打仗的准备，等候淮南王起兵。到官吏处置淮南王的事情，穷追不舍，带出了这件事。刘寄和武帝最亲近，为自己做的事情悔恨悲伤，发病死了，知道有罪不敢立后，因此武帝询问。刘寄有长子名叫刘贤，母亲不受宠，小儿子叫刘庆，母亲受宠幸，刘寄经常想立他，因为不合顺序，又有过失，因而没有说。皇帝怜爱他，就封刘贤做胶东王主持康王的祭祀，把刘庆封在从前衡山王的地方，做了六安王。

胶东王刘贤在位十四年去世，谥号为哀王。儿子刘通平继位。

六安王刘庆，在武帝元狩二年（公元前121年）因为是胶东康王的儿子做了六安王。

清河哀王刘乘，在景帝中元三年（公元前147年）因为是皇子做了清河王。在位二十五年去世，没有后人，封国被除去，土地归入汉，成为清河郡。

常山宪王刘舜，在景帝中元五年（公元前145年）因为是皇子做了常山王。刘舜最受宠爱，是景帝的小儿子，骄奢怠慢荒淫，多次触犯禁令，武帝经常宽恕他。在位三十二年去世，太子刘勃代立为王。

---

① 楼车：作战时用来窥视敌营虚实的像高楼的车。

【129】

当初宪王刘舜有一个不喜欢的姬妾生了长子刘棁(zhuó)，刘棁因为母亲不受宠幸的缘故，也不受宪王的宠爱。宪王的王后脩生了太子刘勃。宪王姬妾多，所宠幸的姬妾生了儿子刘平、刘商，王后很少得到垂幸。到了宪王病重，宠幸的姬妾经常侍候，所以王后也因为妒忌不经常去侍候，去了也只是照个面就走。医生送药，太子刘勃不亲自尝药，夜晚又不留下来侍奉病人。到了宪王死去，王后、太子才来。宪王经常不把长子刘棁看作儿子，到他死了，又不分给他财物。郎官中有人劝说太子、王后，让儿子们和长子刘棁共同分财物，太子、王后不听从。太子继位，又不收拢抚恤刘棁。刘棁怨恨太子和王后。朝廷使者观察宪王的丧事时，刘棁亲自陈说宪王病重时，王后、太子不侍奉，到死后，六天就出服舍，以及太子刘勃私下奸淫、饮酒、玩博戏、击筑，与女子一起坐车驱驰、环城过市、到监牢探视囚犯等事。武帝派大行令张骞问王后印证，并问刘勃，张骞请求逮捕与刘勃通奸的女子和各个证人，刘勃又藏匿了她们。官吏寻求逮捕，刘勃大为着急，指使人攻击笞打劫掠，擅自放出朝廷所怀疑的囚犯。有关部门请求处死王后脩和王勃。武帝因为脩一向没有德行，使得刘棁把她陷在罪中，刘勃没有良好的老师，不忍心处死他们。主事官员请求废掉王后脩，让刘勃与家属徙居房陵，皇帝允许了。

刘勃做了几个月的王，迁到房陵，国家灭绝。一个多月后，武帝因为他最亲近，就下诏给有关官吏说："常山宪王早死，王后与姬妾不和，嫡子与长子互相诬陷争斗，陷于不义，因而灭了封国，我很怜悯。封给宪王的儿子刘平三万户，做真定王；封儿子刘商三万户，做泗水王。”

真定王刘平，在武帝元鼎四年（公元前113年）因为是常山宪王的儿子做了真定王。

泗水思王刘商，在武帝元鼎四年（公元前113年）因为是常山宪王的儿子做了泗水王。在位十一年后去世，儿子哀王刘安世继位。刘安世在位十一年后去世，没有儿子。武帝怜悯泗水王绝后，就立刘安世的弟弟刘贺做了泗水王。

以上四个封国最初受封的王都是王夫人兒姁的儿子。此后朝廷增封她的旁支子孙为六安王、泗水王两个封国。兒姁的子孙，到现在一共有六个人为王。

太史公说：高祖时，诸侯都征收赋税，可以自己委任内史以下的官。朝廷只派遣丞相，丞相佩黄金印。诸侯自己任命御史、廷尉正、博士等官吏，和天子相似。自从吴、楚谋反后，到五宗封王的时候，朝廷开始为封国任命二千石官员，去“丞相”称“相”，佩银印。诸侯只能享用租税，夺了他们的军政之权。此后有些贫穷的诸侯只能坐牛车了。

史记卷六十

三王世家

扫描二维码
阅读本篇原文

霍去病　庄青翟　张汤　齐王刘闳　燕王刘旦

广陵王刘胥

“大司马臣霍去病冒死再拜上书皇帝陛下：承蒙陛下信任，让臣霍去病在军中任职。本该专心思考边塞的军事，即使在荒野中捐躯也无以报答皇恩，现在竟敢思考其他的问题劳烦陛下，实在是看见陛下为天下事忧心劳顿，哀怜百姓而忘了自身，减少膳食，节制安乐，减少官员职数。皇子们仰仗上天保佑，能够穿上礼服趋拜陛下，至今没有封号职位，也没有师傅。陛下恭谨谦让不肯照顾，大臣们私下埋怨又不敢越过职位进言。臣私下按捺不住犬马一样的诚心，冒着死罪进言，希望陛下降诏书给有关官吏，趁着盛夏吉祥时节确定皇子的爵位。希望陛下明察。臣霍去病再拜上达皇帝陛下。”【130】三月乙亥日，御史兼尚书令臣在未央宫奏明皇帝。武帝批示说：“下达御史处理。”

元狩六年（公元前117年）三月初一是戊申日。乙亥日，御史兼尚书令光、尚书丞非，将霍去病的奏章下达御史府，御史府提出意见后交给丞相府，丞相府上书说：“丞相臣庄青翟、御史大夫臣张汤、太常臣赵充、大行令臣李息、太子少傅兼宗正臣安冒死进言：大司马霍去病上书说：‘承蒙陛下信任，让臣霍去病在军中任职。本该专心思考边塞的军事，即使在荒野中捐躯也无以报答皇恩，现在竟敢思考其他的问

【130】

题劳烦陛下，实在是看见陛下为天下事忧心劳顿，哀怜百姓而忘了自身，减少膳食，节制安乐，减少官员职数。皇子们仰仗上天保佑，能够穿上礼服趋拜陛下，至今没有封号职位，也没有师傅。陛下恭谨谦让不肯照顾，大臣们私下埋怨又不敢越过职位进言。臣私下按捺不住犬马一样的诚心，冒着死罪进言，希望陛下降诏书给有关官吏，趁着盛夏吉祥时节确定皇子的爵位。希望陛下明察。’皇帝批示说：‘下达御史处理。’臣谨与中二千石、二千石臣公孙贺等商议：古时分地建国，普遍分封诸侯以辅佐天子，使得宗庙尊贵、社稷稳固。如今霍去病上书，不忘他的职分，想宣扬陛下的恩德，说天子谦逊自责、忧劳天下，因而他才忧虑皇子没有封号职位。臣庄青翟、臣张汤等理应奉行大义遵守职分，但因为我等愚昧，没有主见，未能及时处理事。现在正是盛夏吉祥时节，臣庄青翟、臣张汤等冒死请求立皇子臣刘闳、臣刘旦、臣刘胥为诸侯王。冒死请求赐所封国名。”

武帝批示说：“听说周代封八百诸侯，姬姓并列在其中，有的封为子，有的封为男，有的是附庸。《礼记》说：‘旁系子孙不能祭祀先祖。’你们说建立诸侯用以尊奉社稷，我没有听说过。况且上天并非为了君主生养百姓。我没有德行，四海之内没有融洽，如果让未教养成人的人勉强统治大片土地，那么大臣们能劝勉他什么呢？还是改为商议用列侯封赐他们。”

三月丙子日，丞相等人在未央宫奏明皇帝：“丞相臣庄青翟、御史大夫臣张汤冒死进言：臣谨与列侯臣婴齐、中二千石二千石臣公孙贺、谏议大夫博士臣安等商议：听说周代封八百诸侯，姬姓并列在其中，护持天子。康叔因为祖辈、父辈显贵，伯禽因为父亲周公被封，都做了开国诸侯，朝廷以相、傅作为辅弼。百官奉守法典，各守其职，封国统系全备了。我们认为多封诸侯是用以尊奉社稷，四海诸侯各按职责进贡祭祀。旁系子孙不得主持祭祀先祖，这是礼法。分封诸侯让他们守卫藩国，帝王所以用来扶持德政施行教化。陛下奉承上天道统，英明睿智开创基业，尊重贤能宠爱，重用功臣，让灭亡的国家复兴，让断绝的世系延续。续封萧何的后代在酂。褒奖勉励群臣如平津侯公孙弘等人。昭明六亲的顺序，彰明上天普施恩惠，使诸侯王封君得以推广私恩分给子弟封户封邑，赐予名号建立一百多个封国。家中皇子却做列侯，这样尊卑互相越位，排列位置失去次序，不能给万世垂示体统。臣等请求立臣刘闳、臣刘旦、臣刘胥为诸侯王。”（三月丙子日，在未央宫奏明皇帝。）

皇帝批示说：“康叔的兄弟有十个而他独享尊宠，是因为周王褒奖他有德行。周公祭天受王命用郊礼，因而鲁国的祭品有白色公牛、赤色公牛。其他公侯的祭品中没有纯色的。这是贤能和不肖有等差。‘像高山一样令人向往，像大路一样让人遵循’，我对此很仰慕。因此不重用没有养成德行的人，用列侯封赐可以了。”【131】

四月戊寅日，在未央宫奏明皇帝：“丞相臣庄青翟，御史大夫臣张汤冒死进言：臣庄青翟等与列侯、吏二千石、谏议大夫、博士臣庆等人商议：我们此前冒死进言，请求立皇子为诸侯王。皇帝批示说：‘康叔的兄弟有十个而他独享尊宠，是因为周王褒奖他有德行。周公祭天受王命用郊礼，因而鲁

国的祭品有白色公牛、赤色公牛。其他公侯的祭品中没有纯色的。这是贤能和不肖有等差。“像高山一样令人向往，像大路一样让人遵循”，我对此很仰慕。因此不重用没有养成德行的人，用列侯封赐可以了。’臣庄青翟、臣张汤、博士臣将行等听说康叔的兄弟有十个，武王继承大统，周公辅佐成王，另外八人都因祖辈、父辈的尊宠建成大国。康叔年幼，周公位在三公，伯禽在鲁统治国家，大约受封爵位的时候，都没有到成年。康叔后来抵御武庚叛乱，伯禽平定淮夷的叛乱。往昔五帝制度不同，周的爵位有五等，春秋爵位有三等，都是根据时代定尊卑次序。高皇帝拨乱反正，昭示最高的德行，平定四海之内，分封诸侯，爵位有两等。皇子有的在襁褓中就立为诸侯王，拥戴天子，成为万世法则，不可改变。陛下亲自施行仁义，身体力行圣德，以武为表，以文为里，彰显仁慈孝行，广开贤能之路。在内褒扬有德的人，在外讨伐强暴之贼。北到瀚海，西至月氏、匈奴、西域，全国都供给军队。车辆军械的费用，不从百姓那里征集。拿出御府的库藏来赏赐将士，打开封闭的粮仓来赈济贫民。把戍卫的兵士减少了一半。百蛮的君长，没有不向往皇帝的风范，接受汉的恩泽衷心满足的。远方风俗不同的地方，通过翻译来朝拜，恩泽施到了疆域之外。因此珍贵的动物送到了，吉祥的谷物长出了，上天的美好应验很明显。今天诸侯的旁系子孙封位至于诸侯王，家中皇子却做列侯，臣庄青翟、臣张汤等私下仔细考虑，都认为这是尊卑失序，让天下人失望，不可以。臣等请求立臣刘闳、臣刘旦、臣刘胥为诸侯王。”四月癸未日，在未央宫奏明皇帝。奏章留在宫中没有批复。

“丞相臣庄青翟、太仆臣兼御史大夫臣公孙贺、太常臣赵充、太子少傅兼宗正臣安冒死进言：臣青翟等先前上奏大司马臣霍去病上书的话，说皇子没有号位的事情，臣谨与御史大夫臣张汤、中二千石、二千石、谏议大夫、博士臣庆等冒死请求立皇子臣刘闳等为诸侯王。陛下谦让自己不敢与文王、武王相比，应当严于责己，以及皇子没有教养成人。群臣商议，有的儒生口头宣扬他们的学问，有的悖逆他们的内心。陛下坚决推辞不允许，封皇子为列侯。臣庄青翟等私下与列侯臣萧寿成[①]等二十七人商议，都认为这样做尊卑失序。高皇帝开创天下，是汉的太祖，封子孙为王，增加分支辅佐。先帝不改法则，目的是要显示皇族的至尊地位。臣请求让史官选择吉日，准备礼仪，让御史奏上封国地图，其他都按旧例办理。”皇帝批示说：“可以。”

四月丙申日，在未央宫奏明皇帝：“太仆兼御史臣公孙贺冒死进言：太常臣赵充说，占卜得知，四月二十八日乙巳，可以封诸侯王。臣冒死奏上地图，请求赐给所封国的名称。礼仪另行奏上。臣冒死请示。”

武帝批示说：“立皇子刘闳为齐王、刘旦为燕王、刘胥为广陵王。”

四月丁酉日，上奏未央宫。元狩六年（公元前 117 年）四月初一是戊寅日，到二十六日癸卯日，御史大夫张汤将批示下达丞相，丞相下达中二千石、二千石，同时下达郡太守、诸侯国国相，丞书从事[②]下达有关办事的人，按照命令行事。

---

① 萧寿成：萧何的玄孙。

② 丞书从事：诸侯国主办文书的助理官员。

“六年四月乙巳日，皇帝派御史大夫张汤在宗庙封儿子刘闳为齐王。皇帝说：哎，小子闳，接受这青色社土！我继承祖父、父亲的基业，参照古代的制度建立你的国家，把你封在东方的土地上，世世做汉的藩臣辅弼。要铭记啊！遵循我的诏书，天命不是一成不变。人喜好德行，才能英明，显赫荣光。不追求道德信义，会使君子懈怠。竭尽你的心力，真正地掌握中庸之道，天赐的福禄就会长远善终。如有不良行为，不弃恶从善，就会对你的国家带来凶险，对你的身体带来危害。啊！保有国家治理人民，能够不恭敬吗！齐王一定要警惕这些。”

以上是封齐王刘闳的策文。

“六年四月乙巳日，皇帝派御史大夫张汤在祖庙册封儿子刘旦为燕王。皇帝说：哎，小子旦，接受这黑色的社土！我继承祖父、父亲的基业，参照古代的制度建立你的国家，把你封在北方的土地，世世做汉的藩臣辅佐。哎，匈奴虐待老人，胸怀禽兽之心，侵犯边境，为寇为盗，欺骗勾结边境百姓。哎，我命令将帅率领军队前往征讨他们的罪行，万夫长、千夫长和三十二个将帅都来投降，降下旗帜，军队溃散。匈奴迁徙，北边州郡得以安定。竭尽你的心力，不要做令人怨恨的事情，不要刻薄寡恩。没有训练的兵士不要让他们征战。哎，保有国家治理人民，能够不恭敬吗！燕王一定要警惕这些。”

以上是封燕王刘旦的策文。

“六年四月乙巳日，皇帝派御史大夫张汤在祖庙册封皇子刘胥为广陵王。皇帝说：哎，小子胥，接受这赤色社土！

我继承祖父、父亲的基业，参照古代的制度建立你的国家，把你封在南方的土地，世世做汉的藩属辅弼。古人有话说：‘大江的南边，五湖之间，那里的人心思轻慢。扬州是保卫中原的边塞，三代时离京城很远，教化达不到那里。’哎，竭尽你的心力，小心谨慎，对下仁慈，对上顺从，不要爱好逸乐，不要亲近小人，一切都遵守法则。《尚书》说‘臣子不作威作福’，以后就没有羞辱。哎，保有国家治理人民，能够不恭敬吗！广陵王一定要警惕这些。”

以上是封广陵王刘胥的策文。

太史公说：古人说“喜欢他就希望他富裕，亲近他就希望他显贵”。所以帝王开辟江山建立国家，分封子弟，用以褒扬亲近亲人，理顺骨肉关系，尊重先祖，使子孙显贵，在天下扩大同姓的势力。因此家族形势强大，王室就安宁。从古至今，由来已久，历代没有不同的，因而不论述。燕王、齐王受封的事迹，没有值得采用的。然而封立三王，天子恭谨谦让，群臣守大义，文辞灿烂，很有可观之处，因此附录在世家之中。

（以下为褚少孙补充内容）

褚先生说：我庆幸能够凭文学做侍郎，喜欢阅览观赏《太史公自序》。文中称《三王世家》文辞值得观赏，但寻找《三王世家》最终没能找到。我从长老中喜欢旧事的人那里取来分封三王的策文。编辑罗列事迹作传，让后代的人能够体察贤明君主的旨意。

听说孝武帝的时候，同一天一道封三个儿子为王：封一个儿子在齐，一个在广陵，一个在燕。各因儿子的才力智能，以及土地的肥瘠，百姓的善恶，为他写策文来反复告诫他。封策书说：“世世做汉朝的藩臣辅弼。保有国家统治百姓，能不恭敬吗！王一定要警惕这些。”贤明的君主所写的文章，本来不是见识浅薄的人所能理解的，不是博闻强记的君子不能完全明白其中含意，至于段落次序的分割，文字前后安排，书简的参差长短，都有含意，人们不能知晓。我只是把皇帝诏书的草稿与正稿编排在下面，让阅览的人自己通晓含意去解释说明。

王夫人，是赵国人，与卫夫人一起受到武帝宠幸，生了儿子刘闳。刘闳将要立为王时，他母亲病重，武帝亲临探问她，说：“儿子应当为王，想把他封在哪里？”王夫人说：“有陛下在，我又哪里有可说的。”武帝说：“虽然这样，你心里所想的，想让他在哪里做王？”王夫人说：“希望把他安置在洛阳。”武帝说：“洛阳有军事宝库敖仓，是天下的要冲险阻，汉朝的大都。自先帝以来，没有儿子在洛阳封王的。除了洛阳，其余的都可以。”王夫人不回话，武帝说：“关东的封国没有比齐更大的。齐东靠大海，城郭大，古代单单临菑中就有十万户人家。天下的肥沃之地没有比齐更繁盛的。”王夫人用手击头，谢恩说：“庆幸极了。”王夫人死了，武帝哀痛，派使者祭亡灵说：“皇帝谨派太中大夫明捧玉璧一块，赐夫人为齐王太后。”儿子刘闳做了齐王，年少，没有儿子，封王之后，早死，封国绝灭，做了汉郡。天下有人说齐不宜封王。

所谓“接受这封土”，是指最初受封的诸侯王，一定要从天子的太社中接受封土，回封国后立它作为封国的社，按年度、季节祭祀。《春秋大传》说：“天子的都城中有泰社。东方是青色，南方是赤色，西方是白色，北方是黑色，中央是黄色。”因此将封在东方的取青土，封在西方的取白土，封在北方的取黑土，封在中央的取黄土。各取有色土，用白茅裹起来，封它作为社。这是开始从天子那里接受封赐的情形。这叫作主土。主土是立社供奉的。“朕承祖考”，“祖”是“祖先”的意思，“考”是“先父”的意思。“维稽古”，“维”是“揣度、思考”的意思，“稽”是“应当”的意思，应当顺古道啊。

齐地的人多变幻狡诈，不习礼仪，所以武帝告诫齐王说：“恭敬遵循我的诏书，天命没有一成不变的。人喜好德行，才能英明显赫荣光。不考虑大义，会使君子懈怠。竭尽你的心力，真正掌握中庸之道，天赐的福禄长远善终。如有过失不善，就会对你的国家产生凶险，对你的身体产生危害。”齐王的国家，左右大臣用礼义维持，不幸早早夭折。然而保全身心没有过失，符合策文的旨意。

古书中说：“青从蓝草中采出，而颜色比蓝草要青。”原因是教化使它这样。贤明的君主目光远大，只有他才看得十分清楚：告诫齐王自己谨慎；告诫燕王不要做令人怨恨的事情，不要刻薄寡恩；告诫广陵王谨慎对外，不要让他们作威作福。

广陵在吴、越的土地上，那里的百姓精明轻慢，因此武帝告诫他说："大江五湖之间，那里的人心思轻慢。扬州是保卫中原的边塞，三代时，离京城很远，教化达不到那里，只能名义上统治而已。不要爱好逸乐，不要亲近小人，遵守法则。不要一味贪求逸乐、驰骋、弋猎、荒淫享乐，亲近小人。经常想到法度，就不会有羞辱的事情了。"三江五湖有捕鱼、煮盐的利益，铜山的富庶是天下人所仰慕的。因此天子告诫他说"臣下不作福"，就是不要让他们用财物钱币，丰厚的赏赐来树立声誉，成为四方的归宿。又说"臣下不作威"，就是不要让他们因为轻慢而背弃大义。

适逢武帝去世，昭帝刚继位，给前朝广陵王刘胥，赏赐大量金钱财物货币，价值三千多万，增封土地百里，封邑一万户。适逢昭帝去世，宣帝刚继位，因骨肉亲情施行恩义，在本始元年（公元前73年）中，分割汉的土地，全部用来封赐广陵王的四个儿子：刘圣为朝阳侯；刘曾为平曲侯；刘昌为南利侯；最宠爱的小儿子刘弘，被立为高密王。

此后刘胥果然作威作福，暗通楚王刘延寿的使者。楚王宣言说："我的祖先楚元王是高皇帝的小弟弟，封有三十二座城。现在土地城邑更少了，我准备与广陵王共同起兵。拥立广陵王为皇帝，我恢复统治楚国的三十二城，像楚元王时一样。"事情被发觉，公卿与有关官吏请求处罚诛杀。宣帝因为骨肉的缘故，不忍心处罚刘胥，下诏书不要惩治广陵王，只处死首恶楚王。古书上说："蓬草生在麻中，不扶也自然直立；白沙掉在泥中，就会和泥一样黑。"是因为土地教化使它这样。此后，刘胥又诅咒皇帝，策划谋反，失败自杀，封国被除去。

燕地土地坚硬贫瘠，北边靠近匈奴，那里的人民勇敢却缺少智慧，因此武帝告诫刘旦说："匈奴没有孝行而有禽兽之心，以盗窃的方式侵犯边疆百姓。我曾下诏命令将军前往征讨他们的罪过，万夫长、千夫长、三十二个将帅都来了，降下旗帜投降。匈奴迁徙到远方居处，北方州郡因而安定了。""竭尽你的心力，不要作招人怨恨的事情"，是说不要让强制他们顺从汉的风俗因而怨恨。"不要刻薄寡恩"，是说不要使王背离德行。"不要废弃武备"，是说不要缺乏武备力量，经常防备匈奴。"没经过训练的人不得从征"，是说对礼义不熟习的人不得在左右侍从。

后来武帝年老，而太子不幸去世，没有立太子。刘旦派人来上书，请求亲自回长安担任警卫。武帝见了他的书信，扔到地上，生气地说："生儿子应当安置在齐鲁礼义之乡，竟安置在燕赵，果然有争斗心，不谦让的端倪出现了。"因此派使者立即在宫阙下斩杀了燕王的使者。

适逢武帝去世，昭帝刚继位，刘旦果然心生怨恨，责怪大臣。他自以为是长子应当继位，与齐王的儿子刘泽等谋划叛逆，扬言说："我哪里有弟弟在！今天继位的人是大将军的儿子。"准备起兵，事情被发觉，该当死罪。昭帝因为骨肉亲情宽恕容忍，压下案子不张扬。公卿让大臣请示，派宗正和太中大夫公户满意、御史两人，一起前往燕，晓谕燕王。

到了燕，分别交替去会见、责备燕王。宗正主管宗室刘氏的名籍，先见燕王，为他一一陈述说明昭帝实为武帝儿子的事实。侍御史①因而又见燕王，用国法来责问他，问："王准备起兵，罪名清楚，应当受处罚，汉家有大法，王侯只要犯细小罪过，就行使汉法直接决断，怎么能宽恕王？"用法律震慑他。燕王情绪更低下了，心中恐慌。公户满意熟习经术，最后见燕王，引述古今共同的大义，国家大礼，文辞堂皇典雅。他对燕王说："古代天子一定内有异姓大夫，用以整饬王室子弟；外有同姓大夫，用以整饬异族。周公辅佐成王，杀了他的两个弟弟，所以天下大治。武帝在时，还能宽恕王。现在昭帝刚继位，年纪尚小，没有亲自处理政事，委托大臣处理。古代诛杀惩罚不偏袒亲戚，所以天下大治。现在大臣辅佐政事，遵照法制不徇私情，不敢有所偏私，恐怕不能宽谅王。王可要自己谨慎，不要使自己丢掉性命，国家灭亡，为天下人所笑。"因此燕王刘旦恐惧，叩头谢罪。大臣想使骨肉亲近和谐，不忍用法治他。

此后刘旦又与左将军上官桀等谋反，宣言说："我的年龄仅次于太子，太子不在，我应当继位，大臣们一起压抑我。"大将军霍光辅政，与公卿大臣商议说："燕

---

① 侍御史：掌监察或执行特殊使命。

王旦不改过反悔走正道，照旧为非作歹。”因此按法秉公决断，处以斩刑。刘旦自杀，封国被除去，正符合策文的旨意。有关官吏请求诛杀刘旦的妻子儿女。昭帝因为骨肉亲情，不忍用法处置，赦免了刘旦的妻子儿女，免除封爵，贬为平民。古书上说：“兰根与白芷，浸在泔水中，君子不亲近，庶人不服用。”是因为泡臭了的缘故。

宣帝刚继位，推行恩典，施行德政，在本始元年（公元前 73 年）中，又把燕王刘旦的两个儿子册封了：一个儿子为安定侯；立燕王从前的太子刘建为广阳王，以主持燕王的祭祀。